악은 왜
존재하는가?

Why Is There Evil?
(Crucial Questions)
by R. C. Sproul

Copyright ⓒ 2021 by the R.C. Sproul Trust
Published by Ligonier Ministries
421 Ligonier Court, Sanford, FL 32771, USA
Ligonier.org

The Korean edition copyright ⓒ 2025 by Word of Life Press,
Seoul, Korea.
Translated by permission.
All rights reserved.

악은 왜 존재하는가?

ⓒ **생명의말씀사** 2025

2025년 8월 20일 1판 1쇄 발행

펴낸이 ∣ 김창영
펴낸곳 ∣ 생명의말씀사

등록 ∣ 1962. 1. 10. No.300-1962-1
주소 ∣ 서울시 종로구 경희궁1길 6 (03176)
전화 ∣ 02)738-6555(본사)·02)3159-7979(영업)
팩스 ∣ 02)739-3824(본사)·080-022-8585(영업)

기획편집 ∣ 유영란, 정재림
디자인 ∣ 김혜진
인쇄 ∣ 영진문원
제본 ∣ 다온바인텍

ISBN 978-89-04-16930-6 (04230)
ISBN 978-89-04-70115-5 (세트)

저작권자의 허락 없이 이 책의 일부 또는 전체를
무단 복제, 전재, 발췌하면 저작권법에 의해 처벌을 받습니다.

WHY IS THERE EVIL?

악은 왜
존재하는가?

악과 고난을 허용하시는 하나님에 대한 이해

CONTENTS

01 — 악이라는 난처한 문제 · 7

선하고 전능하신 하나님 아래 악이 왜 존재하는가?
기독교에 거슬러 제기되는 주제에 대한 고찰

02 — 악의 본질과 기원 · 33

악은 정말로 무엇인가?
악의 전제에 대한 철학적 신학적 접근

03 — 사고와 우연 · 55

누구도 의도하지 않은 재앙을 어떻게 이해하는가?
그 궁극적인 원인에 대한 탐구

04 — 섭리와 고난 · 71

하나님은 언제나 우리 편에 계시는가?
고난 가운데 하나님의 섭리가 작동하는 방식

05 — 섭리와 악 · 85

하나님의 섭리와 악이 공존할 수 있는가?
공의에 앞서 발견해야 할 은혜

06 ― 욥의 사례 · 99

하나님은 진정 누구이신가?
고통과 고난에 대한 가장 포괄적인 답변

07 ― 고난과 죄 · 113

죄는 어떻게 고난의 원인이 되는가?
구속의 목적과 죄인의 침묵

08 ― 합력하여 선을 이루다 · 125

우리에게 일어나는 모든 일이 다 선한가?
신자에게 위안이 되는 약속

09 ― 악은 결코 선이 아니다 · 139

선한 결과를 가져오는 악은 선한가?
주의 깊게 살펴야 할 위험

10 ― 하나님을 사랑하는 자 · 153

선한 것이 죄를 더하는 계기가 될 수 있는가?
반드시 갖춰야 할 그리스도인다운 이해

01

악이라는 난처한 문제

WHY IS THERE EVIL?

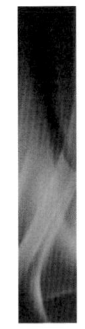

　사람들이 기독교에 반대하며 흔히 제기하는 문제 두 가지가 있다. 바로 악의 문제와 인간이 겪는 고난의 문제이다. 이 둘은 별개의 사안이지만 서로 밀접하게 관련되어 있다.

　먼저 악에 관한 문제는 보통 다음과 같이 제시된다. "무한히 의롭고, 거룩하고, 또 완전한 존재가 어떻게 죄지을 가능성이 있는 피조물을 창조할 수 있단 말인가? 모든 것이 하나님에게서 나온다면, 우리는 이 세상에 악이 존재하는 이유를 하나님 안에서 찾아야 하는 것 아닌가?" 이렇듯 악에 관한 질문은 곧 하나님의 성실하심과 거룩하심에 관한 것이다. 반면 고난에 관한 질문은 악과 밀접하게 관련되어 있기는 하나 똑같지는 않다. 그 질문은 다음과 같다. "자비로우신 하나님이 어떻게 인간의 삶 가운데 이 모든 고난을 허락하실 수 있는가?"

이 두 가지 질문은 별개이다. 첫 번째는 다소 철학적인 질문인 데 반해, 두 번째는 세상의 고통과 고뇌와 비극의 문제를 다루는 좀 더 실제적인 질문이다. 이 둘을 하나씩 살펴보도록 하자.

19세기 한 신학자는 악의 문제가 기독교 신앙의 아킬레스건이라고 말했다. 그는 악이 존재하는 이유에 관해 납득할 만한 설명을 할 수 없다고 주장했다. 다수의 회의론자와 무신론자는 이렇게 말했다. "만약 하나님이 죄가 세상에 들어오는 것을 막으실 수 없었다면, 그분은 전능하신 분이 아니다. 반대로 막으실 수는 있었지만 막지 않기로 하셨다면, 그분은 자비로우신 분이 아니다." 결국, 이 악의 문제는 그것을 어떤 식으로 바라보든 하나님의 본성에 어느 정도 그림자를 드리울 수밖에 없다.

역사적으로 보면 악의 기원에 관한 이러한 질문에 기독교적 관점에서 답하려는 시도가 자주 있었다. 그러한 시도는 소위 **신정론**(theodicy)이라는 이름으로 오늘날까지 이어져 왔다. 신정론이라는 말은 '하나님을 정당화하다'라는 의미의 그리스어에서 왔는데, 세상에 악이 존재하는 사실과 관련해 하나님의 정당성을 해명하려는 시도를 뜻한다. 하지만 내가 보기에는 지금까지 이 악의 문제에 관한 질문에 제대로 된 답변을 한 사람은 아무도 없었다.

그리스도인이 이러한 질문을 받았을 때 가장 먼저 취해야 할 태도는 그 즉시 "나는 정답을 모릅니다"라고 대답하며 이 문제의 심각성을 인정하는 일이다. 대충 얼버무리려 하지 말라. 감추거나 회피하지도 말라. 대신 정면으로 대응하라. 우리 그리스도인이 이를 심각한 문제로 인식하고 있다는 것, 즉 우리가 그 문제에 무관심하지 않다는 것을 사람들이 알게 하는 것이 중요하다. 그러므로 신정론에서 제시하는 주장 한두 가지를 살펴보며 거기서 이 문제를 어떻게 다루었는지 보도록 하자.

첫째, 어떤 이는 악의 실재를 전적으로 부정하고, 악은 일종의 환상일 뿐이라고 주장했다. 하지만 내 생각에 그것은 구차한 변명에 불과하다. 왜냐하면 우리가 매일같이 경험하는 악의 실재를 진지하게 받아들이지 않는 생각이기 때문이다.

둘째, 사실 악은 선의 가치를 깨닫기 위해 필수적인 전제 조건이며, 따라서 결국에는 이 악도 선한 것이라고 생각했다. 이를 구체적인 용어로 표현하면 다음과 같다.

"사람이 스스로 참된 선을 경험하기 위해서는 악의 문제를 겪어야만 한다. 악의 실재를 겪어야만 비로소 자신의 구속이 얼마나 값진지를 깨닫게 된다." 교회 역사 안에서 여러 번 제시된 이러한 논리에 따르면, 인류의 타락은 사실상 2보 전진을 위한 1보 후퇴였다. 아래로 떨어지는 타락이 아닌 위로 올라가는 타락인 셈이다. 하지만 그렇게 되면 하나님이 세상에 들어온 인간의 죄를 심판하셨다는 사실과 그 심판이 부정적인 측면을 띤다는 사실을 적절하고 진지하게 대할 수 없다.

17세기 데카르트 사상에서 비롯된 합리주의 철학 학파였던 고트프리트 라이프니츠(Gottfried Leibniz)는 또 하나의 매우 중요하고 흥미로운 신정론을 제시했다. 어떤 그리스도인은 라이프니츠의 신정론이 굉장히 기발해서 그것으로 죄의 기원을 설명할 수 있다고 당당하게 말한다. 사실 나는 대학의 철학 수업에서 한 가지 실험을 한 적이 있었다. 학생들에게 악의 문제를 철학적으로 설명해 주겠다고 말한 뒤에 라이프니츠의 주장을 최대한 열정적이고 설득력 있게 전했다.

강의를 마치고 나서 학생들에게 이렇게 물었다. "이 설명이 이해됩니까?" 그러자 그 수업을 듣는 모든 학생이

내 주장에 동의했다. 이때 나는 한 가지 사실을 알게 되었다. 이 논증을 사용하면 웬만한 토론에서는 이길 수 있겠다는 것이다. 하지만 나는 그 논지가 틀린 것을 알았다. 그 논증에는 잘못된 부분이 있었다. 결국 왜 이러한 주장을 받아들여서는 안 되는지 설명하자 학생들은 생각을 바꿨다. 그러나 라이프니츠의 이론은 굉장히 그럴듯하게 들리므로, 신실한 그리스도인은 죄의 문제를 다룰 때 그러한 궤변을 사용해서는 안 된다고 경고하려 한다.

라이프니츠는 악을 세 가지 유형으로 구분하여 자신의 신정론을 전개해 나간다. 그는 이 세 가지를 도덕적 악, 물리적 악, 그리고 형이상학적 악이라고 칭한다. 이 모든 유형에서 악의 개념에는 한 가지 공통된 요소가 담겨 있는데, 곧 악을 일종의 부족함 같은 부정적 범주로 정의한다는 점이다. 이는 중세 시대에 악을 **프리와티오**(privatio), 즉 선의 결여라고 정의한 것에서 기원한다.

도덕적 악은 도덕적 선이 부족한 상태이다. 그것은 결핍이다. 물리적 악은 물리적 선의 결핍이다. 마찬가지로 형이상학적 악은 형이상학적 선의 결핍이다. 도덕적 악은 도덕적 피조물의 행위, 즉 도덕적 주체의 의지적인 행동 양식과 관련이 있다. 물리적 악은 예컨대 지진, 토네이도,

불, 바람, 폭풍, 기타 역병과 같이 우리가 재난 혹은 참사라고 부르는 것에 해당한다.

형이상학적 악은 존재론적 불완전성과 관련이 있다. 존재론은 사물의 본질인 '존재'에 관한 것으로, 존재론적 문제는 어떤 것의 존재, 그 본질, 즉 그것이 과연 무엇인가를 다루는 문제이다. 따라서 형이상학적 불완전성이란 영원하고 자존하는 존재에 비해 어떤 것이 열등함, 궁극에 미치지 못함을 뜻한다. 또한, 어떤 것이 불완전하다는 말은 그것이 창조되었고, 의존적이며, 그 안에서 변화와 생성, 그리고 부패가 일어난다는 뜻이다. 한마디로, 형이상학적으로 부족하다는 말은 유한하다는 의미이다.

라이프니츠가 주장하는 기본적인 논지는 물리적 악은 형이상학적 악에서 '흘러나오고', 도덕적 악은 물리적 악에서 '흘러나온다'는 것이다. 따라서, 우리에게 도덕적 악이 있는 이유는 이 세상이 형이상학적으로 불완전한 존재로 가득 차 있기 때문이다. 내가 죄를 짓는 이유는 약하기 때문이고, 내가 약한 이유는 유한하기 때문이다. 그러므로 내가 죄 없이 존재하는 유일한 길은 유한한 피조물 안에 본질적으로 내재하는 형이상학적 연약함을 초월하는 것뿐이다. 인간이 오류를 범할 수밖에 없는 이유는 우리가 유한하기 때문이다. 우리의 지식, 그리고 물리적 힘과 내구성에는 한계가 있다. 근원적으로 우리는 전능하지 않고, 전지하지 않으며, 하나님이 지니신 모든 속성을 가지고 있지도 않다. 결국 어떤 의미에서 나는 그저 인간의 연약함으로 인해 죄를 지을 뿐이며, 이는 불가피한 일이라 할 수 있다.

그러나 여전히 다음과 같은 의문이 남는다. "하나님은 왜 그렇게 제한적이고 연약하며 유한한 피조물을 창조하셨는가?" 라이프니츠는 하나님이 무언가를 창조하신다는 사실 자체가 그분의 자비로우심에서 비롯된 행위라고 이해하고 있었다. 따라서 우리는 하나님이 창조하신 일을 탓할 수 없다. 하지만 만약 하나님이 다른 피조물에게 이러한 생명의 선물, 존재의 선물을 주시고자 한다면, 어떻게 하는 것이 최상의 방법일까? 그분은 왜 사람을 도덕적으로 완전하게 창조하시지 않았을까? 회의론자는 이러한 비판을 제기해 왔다. "만약 하나님이 사람을 창조하시고자 한다면, 그분은 왜 사람을 완전히 선한 존재로 창조하시지 않는가?"

라이프니츠는 그 이유가 하나님이 그렇게 하실 수 없기 때문이라고 말한다. 제아무리 하나님이라도 완전히 선한 피조물을 창조하실 수는 없다는 것이다. 도덕적으로 완전히 선한 피조물을 창조하려면 물리적으로 완전히 선한 피조물을 창조해야 하고, 또 물리적으로 완전히 선한 피조물을 창조하려면 형이상학적으로 완전히 선한 피조물을 창조해야 하는데, 이는 불가능한 일이다. 그렇게 하려면 또 다른 하나님을 창조해야 하기 때문이다. 하나님이 무한하고 영원하며 자존하는 온전한 존재를 하나 더 창조해야만 하는 것이다. 하지만 하나님이 다른 하나님을 창조하기란 불가능하다.

왜 그럴까? 왜냐하면 하나님이 창조하시는 모든 피조물은 창조주이신 하나님께 의존하여 존재할 수밖에 없기 때문이다. 그렇다면 그런 피조물은 영원하지 않으며 자존하는 것도 아니다. 그것은 자신을 처음 존재하게 하신 그 창조주에 비해 존재론적으로 열등하다. 시간의 차원에서 존재의 시작점이 있다는 그 사실만으로도 원래의 하나님과는 다른 존재가 된다. 그러므로 하나님은 또 다른 하나님을 창조하실 수 없다. 다만 여러 종류의 다른 존재를 거의 무한대로 창조하실 수 있을 뿐이다.

여기서 문제는 "하나님이 완전한 세상을 창조하셔야만 하는가?"가 아니다. 우리는 하나님께 완전한 세상을 창조하라고 요구할 수 없다. 그러나 만약 하나님이 도덕적이고 의로우신 분이라면, 우리는 그 하나님께 가능한 한 최고의 세상을 창조하실 것을 요구할 수 있다. 그러나 이런 질문은 불가능한 상황을 가정하여 제시하는 것이다. 여기서 제기해야 하는 질문은 "악은 왜 존재하는가?"가 아니다. 그보다는 "하나님이 지금보다 더 악한 세상을 창조하시지 않은 것이 참으로 다행이지 않은가?"라고 말해야 한다. 하나님은 그분이 하실 수 있는 최고의 일을 하셨다. 가능한 한 최고의 세상을 창조하신 것이다.

이러한 라이프니츠의 주장을 가장 반대한 사람은 볼테르(Voltaire)였다. 그의 희곡 『캉디드』(Candide)는 라이프니츠를 공격하기 위해 쓴 작품으로, 팡글로스 박사(Dr. Pangloss)라는 등장인물이 라이프니츠를 보여 준다. 팡글로스 박사는 가능한 한 최고의 세상에 관해 이야기한다. 리스본에 대지진이 일어나 수천 명이 목숨을 잃었는데도, 여전히 팡글로스는 가능한 한 최고의 세상을 이야기한다. 볼테르가 라이프니츠의 신정론을 비꼬는 장면이다.

이제 라이프니츠 신정론의 문제점을 살펴보자. 이 주장에는 지식적인 문제와 성경적인 문제가 있다. 지식적인 문제는 그가 가장 기본적인 추론 오류 중 한 가지를 범했다는 사실이다. 바로 모호함의 오류로, 이는 추론 오류 중에서도 가장 식별하기 어려운 종류이다.

그가 제시한 세 가지 악의 유형을 자세히 들여다보면 이 **악**이라는 용어의 의미가 계속 변하고 있다. 도덕적 악에는 그에 합당한 징벌적 조치가 필요하다는 개념이 수반되어 있다. 도덕적 악은 그 개념상 의지적 피조물에게서 나오기 때문이다. 반면에 형이상학적 악은 사람의 도덕적 악에 대해 면죄부를 제공한다. 사람과 하나님께 변명의 여지를 주는 것이다. 즉, 악이 존재하는 사실에 대해 하나님을 정당화할 뿐 아니라 사람에게도 정당성을 부여한다. 사람은 자신의 형이상학적 불완전성으로 인해 죄를 지을 수밖에 없으므로 그에 대한 책임을 물을 수 없다. 만약 사람이 필연적으로 죄를 지을 수밖에 없는 존재라면 본성에 따라 해야만 하는 일을 했을 뿐인데, 어떻게 그것 때문에 심판을 받을 수 있단 말인가?

성경적으로 보면 또 다른 문제가 나타난다. 첫째, 만약 그가 제시한 도식이 옳다면, 하나님은 천국에 들어간 우리를 그저 영화롭게 하시는 것 이상의 무언가를 하셔야 한다. 그렇지 않으면 우리는 여전히 도덕적 악에서 결코 자유로울 수 없다. 즉, 우리가 악에서부터 자유로워지려면 하나님이 우리를 신으로 만드셔야 한다. 둘째, 그렇다면 아담도 타락하지 않은 것이 된다. 왜냐하면 아담은 악하게 창조되었기 때문이다. 적어도 형이상학적이고 물리적으로 악한 피조물이었던 그는 그로 인해 도덕적으로는 면죄부를 얻게 된다. 결국 여러 측면에서 볼 때 라이프니츠의 주장은 악의 문제를 다루는 기독교적 신정론의 역할을 감당할 수 없다.

그 외에도 악의 문제에 답하려는 몇몇 시도가 있었으나 대체로 허술했다. 악의 기원에 대한 그리스도인의 전형적인 답변은 악이 인간의 자유에서 기인한다는 것이다. 사람이 자유로우려면 선이든 악이든 스스로 행할 능력이 있어야 한다. 그래서 하나님은 사람에게 선택할 권리를 주셨다. 이처럼 하나님은 피조물인 사람에게 자유를 주셨다. 하지만 사람이 그 자유를 사용해 악을 선택한다고 해서 하나님이 악한 분이 되신다거나 그 악에 대해 책임을 지셔야 하는 것은 아니다. 그러므로 우리는 사람이 자신의 자유를 가지고 행한 죄악 된 선택에서 악의 기원을 찾을 수 있다.

성경적으로 보면 사람에게는 자유가 있는 동시에 자신의 죄에 대해 책임을 져야 한다는 사실도 너무나 자명하다. 하지만 그저 인간의 자유를 향해 화살을 돌리는 것만으로는 악의 기원에 관한 진정한 질문에 답하지 못한다. 무엇 때문일까? 우리는 여전히 다음과 같은 질문을 할 수밖에 없다. "사람은 왜 악을 선택했을까?" 여기서 우리는 다시 한번 아담과 하와의 타락이 갖는 의미를 생각하게 된다. 아담과 하와는 왜 선이 아닌 악을 선택했을까?

이러한 질문에 답하려는 온갖 시도가 있었다. 어떤 이는 "사탄이 그렇게 하도록 만들었다. 그들은 거짓말쟁이에게 속았을 뿐이다"라고 한다. 하지만 그 답에 꼬리에 꼬리를 무는 질문은 "만약 그들이 속아서 죄를 지었다면, 그것이 정말로 죄가 되는가? 그들이 정말로 알지 못했다면, 무지의 상태에서 지은 죄이니 용서받을 수 있지 않을까?"이다.

이러한 주장의 또 다른 문제점은 성경이 아담과 하와가 '분명히' 알았다고 기록했다는 사실이다. 하나님은 그들에게 허락된 일과 허락되지 않은 일을 명확하게 말씀하셨다. 따라서 우리는 죄가 세상에 들어온 일을 속임수 때문에 일어났다고 이해할 수 없다. 그렇다면 강압에 의한 것은 아니었을까? 사탄이 그들에게 그렇게 하도록 강요했다면 어떻겠는가? 만약 그랬다면, 하나님은 그들에게 책하라고 요구할 수 없다. 그러나 만약 하나님이 도덕적이고 의로우신 분이라면, 우리는 그 하나님께 가능한 한 최고의 세상을 창조하실 것을 요구할 수 있다. 그러나 이런 질문은 불가능한 상황을 가정하여 제시하는 것이다. 여기서 제기해야 하는 질문은 "악은 왜 존재하는가?"가 아니다. 그보다는 "하나님이 지금보다 더 악한 세상을 창조하시지 않은 것이 참으로 다행이지 않은가?"라고 말해야 한다. 하나님은 그분이 하실 수 있는 최고의 일을 하셨다. 가능한 한 최고의 세상을 창조하신 것이다.

이러한 라이프니츠의 주장을 가장 반대한 사람은 볼테르(Voltaire)였다. 그의 희곡 『캉디드』(Candide)는 라이프니츠를 공격하기 위해 쓴 작품으로, 팡글로스 박사(Dr. Pangloss)라는 등장인물이 라이프니츠를 보여 준다. 팡글로스 박사는 가능한 한 최고의 세상에 관해 이야기한다. 리스본에 대지진이 일어나 수천 명이 목숨을 잃었는데도, 여전히 팡글로스는 가능한 한 최고의 세상을 이야기한다. 볼테르가 라이프니츠의 신정론을 비꼬는 장면이다.

이제 라이프니츠 신정론의 문제점을 살펴보자. 이 주장에는 지식적인 문제와 성경적인 문제가 있다. 지식적인 문제는 그가 가장 기본적인 추론 오류 중 한 가지를 범했다는 사실이다. 바로 모호함의 오류로, 이는 추론 오류 중에서도 가장 식별하기 어려운 종류이다.

그가 제시한 세 가지 악의 유형을 자세히 들여다보면 이 **악**이라는 용어의 의미가 계속 변하고 있다. 도덕적 악에는 그에 합당한 징벌적 조치가 필요하다는 개념이 수반되어 있다. 도덕적 악은 그 개념상 의지적 피조물에게서 나오기 때문이다. 반면에 형이상학적 악은 사람의 도덕적 악에 대해 면죄부를 제공한다. 사람과 하나님께 변명의 여지를 주는 것이다. 즉, 악이 존재하는 사실에 대해 하나님을 정당화할 뿐 아니라 사람에게도 정당성을 부여한다. 사람은 자신의 형이상학적 불완전성으로 인해 죄를 지을 수밖에 없으므로 그에 대한 책임을 물을 수 없다. 만약 사람이 필연적으로 죄를 지을 수밖에 없는 존재라면 본성에 따라 해야만 하는 일을 했을 뿐인데, 어떻게 그것 때문에 심판을 받을 수 있단 말인가?

성경적으로 보면 또 다른 문제가 나타난다. 첫째, 만약 그가 제시한 도식이 옳다면, 하나님은 천국에 들어간 우리를 그저 영화롭게 하시는 것 이상의 무언가를 하셔야 한다. 그렇지 않으면 우리는 여전히 도덕적 악에서 결코 자유로울 수 없다. 즉, 우리가 악에서부터 자유로워지려면 하나님이 우리를 신으로 만드셔야 한다. 둘째, 그렇다면 아담도 타락하지 않은 것이 된다. 왜냐하면 아담은 악하게 창조되었기 때문이다. 적어도 형이상학적이고 물리적으로 악한 피조물이었던 그는 그로 인해 도덕적으로는 면죄부를 얻게 된다. 결국 여러 측면에서 볼 때 라이프니츠의 주장은 악의 문제를 다루는 기독교적 신정론의 역할을 감당할 수 없다.

그 외에도 악의 문제에 답하려는 몇몇 시도가 있었으나 대체로 허술했다. 악의 기원에 대한 그리스도인의 전형적인 답변은 악이 인간의 자유에서 기인한다는 것이다. 사람이 자유로우려면 선이든 악이든 스스로 행할 능력이 있어야 한다. 그래서 하나님은 사람에게 선택할 권리를 주셨다. 이처럼 하나님은 피조물인 사람에게 자유를 주셨다. 하지만 사람이 그 자유를 사용해 악을 선택한다고 해서 하나님이 악한 분이 되신다거나 그 악에 대해 책임을 지셔야 하는 것은 아니다. 그러므로 우리는 사람이 자신의 자유를 가지고 행한 죄악 된 선택에서 악의 기원을 찾을 수 있다.

성경적으로 보면 사람에게는 자유가 있는 동시에 자신의 죄에 대해 책임을 져야 한다는 사실도 너무나 자명하다. 하지만 그저 인간의 자유를 향해 화살을 돌리는 것만으로는 악의 기원에 관한 진정한 질문에 답하지 못한다. 무엇 때문일까? 우리는 여전히 다음과 같은 질문을 할 수밖에 없다. "사람은 왜 악을 선택했을까?" 여기서 우리는 다시 한번 아담과 하와의 타락이 갖는 의미를 생각하게 된다. 아담과 하와는 왜 선이 아닌 악을 선택했을까?

이러한 질문에 답하려는 온갖 시도가 있었다. 어떤 이는 "사탄이 그렇게 하도록 만들었다. 그들은 거짓말쟁이에게 속았을 뿐이다"라고 한다. 하지만 그 답에 꼬리에 꼬리를 무는 질문은 "만약 그들이 속아서 죄를 지었다면, 그것이 정말로 죄가 되는가? 그들이 정말로 알지 못했다면, 무지의 상태에서 지은 죄이니 용서받을 수 있지 않을까?"이다.

이러한 주장의 또 다른 문제점은 성경이 아담과 하와가 '분명히' 알았다고 기록했다는 사실이다. 하나님은 그들에게 허락된 일과 허락되지 않은 일을 명확하게 말씀하셨다. 따라서 우리는 죄가 세상에 들어온 일을 속임수 때문에 일어났다고 이해할 수 없다. 그렇다면 강압에 의한 것은 아니었을까? 사탄이 그들에게 그렇게 하도록 강요했다면 어떻겠는가? 만약 그랬다면, 하나님은 그들에게 책이 이미 죄인이었기 때문이라는 의미가 될 것이다. 나아가 죄는 아담의 타락으로 인해 생겨난 결과가 아니라 창조의 결과라는 뜻이 될 것이다. 즉, 하나님이 악으로 치우치는 성향의 사람을 창조하셨다는 말인데, 성경의 기준대로 판단하면 악으로 치우치는 그 성향조차도 하나님은 죄로 여기신다. 따라서 우리가 그들이 악한 성향 때문에 죄를 지었다고 말한다면, 이는 그들이 단지 자신의 악한 본성에 따라 행동했을 뿐이며, 그렇다면 결국 하나님이 죄의 창시자가 되신다는 뜻인데, 이는 성경적이지 않다.

이와 반대로 그들이 오직 선을 향해 기울어 있었다면, 그들은 어떻게 악을 선택할 수 있었던 것일까? 이 경우에는 그들의 죄를 설명할 수 없다.

그러면 그들의 성향이 중립적이었다면 어떻겠는가? 그들이 선이나 악 어느 쪽으로도 기울어 있지 않았다면 어떻게 되었겠는가? 그렇다면 그들의 선택에는 아무런 이유도 없었을 것이다. 그들은 이쪽이든 저쪽이든 아무런 도덕적 성향 없이 그저 그런 일을 했다는 의미가 된다. 사실 그것은 도덕적 행위라고조차 할 수 없다. 하지만 거기에는 철학적으로 훨씬 더 큰 문제가 있다. 만약 사람에게 무언가를 선택하도록 이끄는 성향이 전혀 존재하지 않는

임을 묻지 않으셨을 것이다. 그러나 하나님은 분명히 그들에게 책임을 물으셨다. 그리고 성경의 기록을 보면 그들이 강압에 못 이겨 죄를 지었다는 근거를 전혀 찾을 수 없다. 아담과 하와는 오직 자신의 자유로운 선택과 자발적인 행위로 죄를 지었다는 이야기뿐이다.

이제 그 진정한 질문을 살펴보자. "죄를 짓기 이전의 아담과 하와는 도덕적으로 어떤 상태에 있었는가? 그들의 의지는 어떤 쪽을 향하고 있었는가? 그들의 의지는 오직 선으로만 향해 있었는가, 혹은 오직 악으로만 향해 있었는가, 아니면 중립적인 위치에 있었는가?"

우리는 무언가를 선택할 때 언제나 우리 안에서 가장 끌리는 쪽, 우리의 가장 큰 욕망을 따라 선택한다. 그것이 바로 선택의 본질이다. 즉, 자신의 마음이 선택한다. 내가 어떤 일을 하는 이유는 그것을 하고 싶기 때문이다. 선택한다는 것은 바로 그러한 뜻이다. 선택은 곧 욕망에서 나온다.

그럼, 여기서 만약 아담과 하와가 악한 선택을 하기 전에 그들의 마음이 악을 향해 기울었다고 하면, 어떤 문제가 있을 수 있는가? 그렇게 되면 그들은 그저 타락하기 전에 이미 타락해 있었고, 그들이 죄를 지은 이유는 그들다면, 과연 그는 선택할 수 있을까? 그렇지 않다. 사람의 의지가 중립적인 상태에 있다면 그는 움직일 수 없는 허수아비가 되고 만다. 그런 상태에서는 어떠한 선택도 할 수 없다. 따라서 이 또한 인간의 타락을 설명할 수 없게 된다.

그렇다면 이제 그리스도인은 어떻게 타락을 설명해야 하는가?

이 시점에서 우리는 다음과 같은 질문을 해야 한다. "악한 일을 하려는 유혹을 받는 것은 죄인가? 만약 악한 일을 하고자 하는 유혹을 받았는데 그 유혹을 거절하기로 선택했다면 어떻게 되는가? 나는 죄를 지은 것인가?" 나는 **유혹을 받는다**는 말의 의미에 따라 달라진다고 본다.

에덴동산에서 거짓의 아비가 하와에게 다가가 선악을 알게 하는 나무의 열매를 먹어도 괜찮다고 말했다. 그럼 우선 먹는 것에 대해 살펴보자. 누군가가 어떤 음식이 언뜻 좋아 보이고, 그 좋은 것을 먹어 볼까 생각하거나, 먹고자 하는 욕망을 품다가 맛보는 것은 잘못이 아니다. 예수님은 광야에서 시험받으실 때 굶주리셨다. 예수님이 시장하시어 음식을 먹고자 하는 욕망이 생겼다면 문제 될 것이 없다. 그것은 죄가 아니다. 그러나 만약 예수님이 하나님을 거역하고자 하는 욕망을 품으셨다면, 그것은 죄이다. 그리고 그 욕망을 행동으로 옮기셨다면, 그것은 죄가 된다. 만약 내가 가만히 앉아 본질적으로 악한 일을 하고자 하는 욕망을 품는다면, 나의 내면은 이미 죄를 지은 것이다.

바로 여기서 이 문제가 대단히 복잡해진다. 아담과 하와가 선악과를 탐스럽고 먹음직스럽게 여겨 그것을 먹고자 하는 욕망이 생긴 것은 이해할 수 있다. 그러나 그들의 먹는 것에 대한 욕망은 하나님을 기쁘시게 하고자 하는 욕망과 충돌을 일으키고 말았다.

우리는 또한 자유롭다는 말의 의미를 생각해 보아야 한다. 자유에 대한 인본주의적 개념은 선행하는 어떤 성향이나 이끌림, 즉 우리를 특정한 방향으로 기울어지게 하는 그 어떤 것의 개입 없이 선택하는 능력을 말한다. 따라서 그러한 선택은 완전히 예측 불가능하고 자의적이다. 만약 우리가 그러한 자유의 개념을 받아들인다면, 그것은 아무것도 없는 것에서 무언가가 나올 수 있다는 철학적 원리를 받아들이는 셈이다.

여기서 대두되는 사안은 결정론과 비결정론의 대립이다. 자유는 비결정론과는 무관하다. 비결정론은 공허하며, 그런 것은 존재하지 않는다. 모든 것은 결정되기 마련이다. 다만 문제는 "그 결정이 어디에서 일어나는가?"에 있다.

자유의 본질은 외부의 사물이나 사람이 아닌 나 자신이 스스로 결정하는 데 있다. 자유는 내가 원하는 것을 한다는 뜻이다. 내가 하고자 하는 바를 행해야 자유롭다고 할 수 있지 않겠는가? 내가 어떤 일을 하는 이유는 내가 그것을 원하기 때문이다. 그것이 내 행위의 원인이다. 내 안에 그 일을 하고자 하는 끌림이 있다. 이를 다음과 같이 표현할 수 있다. "내 마음이 그 일을 승인했어. 좋을 것 같아. 하고 싶네." 그래서 나는 그 일을 하게 된다.

이것은 자유로운 행위인가, 아니면 자기 욕망이 결정한 바를 따르는 일인가? 만약 자기 욕망의 결정을 따랐다면 우리는 이를 자유롭지 못하다고 말할 수 있는가? 자유의 본질은 자기 결정인데, 그것은 일종의 결정론이다. 즉, 선택권을 가진 누군가에 의해 그러한 행위가 결정된다는 말이다.

여기서 우리는 또 다른 문제에 봉착하게 된다. 우리는 **무에서의**(엑스 니힐로, *ex nihilo*) 창조를 이야기하는데, 오늘날 우리의 문화는 그 개념을 굉장히 오해하고 있다. 아우구스티누스가 말한 **무에서의** 창조는 세상이 절대적인 의미의 무(無)에서 나왔다는 의미가 아니다. 하나님이 이 우주를 빚어 만드실 때 기존에 존재하던 어떤 물질을 사용하신 것이 아니라는 뜻이다. 당연히 세상은 무언가로부터 나왔다. 이 세상은 바로 하나님, 즉 하나님의 뜻 혹은 목적으로부터 나왔다. 그렇다면 세상이 나온 이유는 무엇인가? 하나님이 세상을 나오도록 의도하셨기 때문이고, 그 이유는 하나님이 이를 원하셨기 때문이다.

세상이 창조된 데는 이유가 있다. 그것은 어쩌다 일어난 일이 아니며, 하나님이 그저 내키는 대로, 변덕스럽게, 혹은 자의적으로 세상을 창조하신 것도 아니다. 이 세상을 하나님이 창조하기 원하셨다. 그것은 지적이고 이성적인 결정이었다. 하나님은 창조하시기 전에 창조하시고자 하는 욕망을 품으셨다. 그렇다. 하나님조차도 어떤 일을 하기 전에 그것을 하고자 하는 욕망을 품으셔야 한다. 그것이 바로 자유의 본질이며, 하나님은 바로 그런 분이시다. 하나님께는 원하는 일을 하실 자유가 있다.

우리는 자유를 내가 원하는 것을 선택하는 능력이라고 정의해야만 한다. 아무런 욕망 없이 선택하는 능력은 저절로 생겨나는 자연 발생일 뿐이며, 그런 종류의 창조는 하나님이라 해도 하실 수 없다. 하나님조차도 자기 창조 혹은 자연 발생의 권능은 없으시다. 하나님께서는 아무런 물질도 없는 무의 상태에서 무언가를 존재하게 하실 권능이 있다. 그러나 그 '무의 상태'라는 말은 그분이 그렇게 하시고자 하는 뜻도 없었다는 의미가 아니다.

누군가가 그저 자유로운 선택에 따라 행동했다는 말은 있을 수 없다. 우리는 그가 '왜' 그것을 자유롭게 선택했는지 물어야 한다. 그는 무엇에 이끌려 그것을 자유롭게 선택했는가?

아담의 죄를 논리적으로 만족스럽게 설명할 길은 없다. 우리는 선과 악, 혹은 중립적인 위치를 고려해 그중에 하나를 선택해야 하며, 합리적으로 선택해야 한다. 어떤 선택은 논리적으로 불가능할 수 있다. 어떤 선택은 하나님의 성실하심을 파괴한다. 어떤 선택은 역사상 가장 위대한 지성을 혼돈에 빠뜨리기도 한다. 그러나 교회가 변함없이 고수해 온 선택은 사람의 성향이 오직 선을 향해 있었음에도 그가 악을 택했다는 것이다.

이것은 신비이다. 나는 어떻게 이런 일이 일어났는지 알 수 없지만, 그것이 일어났다는 사실만큼은 분명히 안다. 칼 바르트(Karl Barth)는 이를 가리켜 "불가능한 가능성"

이라고 일컬었다. 하지만 나는 이를 "불가능한 가능성"이라 부르고 싶지 않다. 왜냐하면 어떤 일이 일어났다면 그것은 가능했던 것이기 때문이다. 단지 우리는 그것이 어떻게 가능할 수 있는지 모를 뿐이다. 그래서 사람이 죄를 지은 일은 신비이다.

그러나, 오늘 그것이 신비라고 해서 내일도 이 질문에 대한 답을 찾을 수 없다는 뜻은 아니다. 나의 멘토인 존 거스트너(John Gerstner) 박사께서 내게 이렇게 말씀하셨다. "훌륭한 신학자가 나타나 이에 대한 답을 찾아낼 수도 있겠지." 그분은 자신이 학생 시절에 해결할 수 없는 문제에 여러 번 직면했지만, 나중에 가서는 그 문제를 해결했던 사실을 알려 주셨다.

그렇다면 이제 악의 문제를 걸고넘어지며 기독교 신앙을 비판하는 사람을 만났을 때 우리가 할 수 있는 일은 무엇일까? 그저 굴복하는 것뿐일까? 우리는 과연 기독교 신앙을 버려야만 할까? 그렇지 않다. 왜냐하면 악의 문제를 거론하고자 한다면 반드시 '선'의 문제도 함께 거론해야 하기 때문이다.

우리는 악의 실재를 부정할 수 없음을 안다. 그러면 이 악의 문제가 실제로 존재하기 위한 전제 조건은 무엇인가? 악의 존재가 문제가 되려면 무엇이 반드시 있어야 하는가? 바로 '선'이다. 궁극적인 선이 먼저 존재하지 않고서는 궁극적으로 악의 문제가 존재할 수 없다. 따라서 악이 존재한다는 사실은 하나님의 존재를 방증하는 강력한 증거 중 하나이다. 그것이 바로 이 논쟁의 아이러니이다. 즉, 먼저 선의 문제가 있지 않고서는 악의 문제가 있을 수 없다.

우리는 항상 악을 부정적이고 의존적이며 파생적인 범주로 정의한다. 중세 시대에는 악을 선에 대한 **결여**(프리와티오, *privatio*) 혹은 **부정**(네가티오, *negatio*)으로 구분했다는 사실을 떠올려 보라. 악은 부족함이고, 결핍이다. 악에 대한 일반적인 정의를 내리려면 우리는 선에 의존할 수밖에 없다.

그렇다면 성경은 악의 문제를 어떻게 다루는가? 이 악을 어떻게 묘사하는가? 부정적이다. 불의, 불법, 불순종, 부도덕, 적그리스도 등으로 나타난다. 그런데 부도덕은 오직 도덕의 관점에서만 정의할 수 있다. 불순종은 오직 무엇이 순종인지에 대한 이해를 바탕으로만 판단할 수 있다. 부정적인 측면은 오직 긍정적인 기준점이 있어야만 그에 대비해 존재할 수 있는 것이다.

악의 문제는 궁극적인 선을 전제로 할 때만 대두될 수 있다. 물론, 철학자는 우리가 선을 전제로 하지만, 만약 선이 있다면 그 선은 악의 문제 때문에 진정한 선이 아니라고 말할지도 모른다. 철학자는 궁극적인 선의 개념을 제거하고 애초에 선악 같은 것은 존재하지 않는다는 개념을 받아들여야 한다고 말할 것이다.

그러한 반응은 간과하기 힘들다. 허무주의의 기초가 되는 주장이기 때문이다. 그러나 악의 문제를 근거로 하나님의 존재를 주장하는 것에 반대하는 사람도 선이 실재한다는 전제는 대부분 받아들인다. 나는 사람들과 이야기할 때 악의 문제는 내가 다루기 힘들어하는 내용이라는 점을 인정한다. 하지만 내가 겪는 문제는 그들의 문제에 비하면 절반도 안 된다고 말한다. 왜냐하면 악의 존재를 정말로 믿는다고 하면서 그 악이 선과 무관하게 존재할 수 있다고 설명하기란 결코 쉽지 않기 때문이다. 또한 궁극적인 선을 설명하는 유일한 길은 하나님 안에만 있다. 따라서 그들의 주장을 따라가면 결국 하나님께 도달하거나, 아니면 악의 실재를 부정하는 길로 갈 수밖에 없다.

그러나 이렇게 악의 문제를 살펴본 후에도 우리는 여전히 기독교 신앙에 대한 감정적 반론을 다루어야 한다. 바로 고난의 문제이다. 이에 대해서는 뒤에 가서 더 자세히 살펴보기로 하겠다.

02

악의 본질과 기원

WHY IS THERE EVIL?

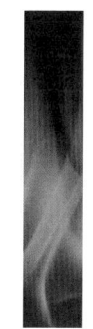

"악은 무엇인가?"와 "악은 어디에서 왔는가?"라는 질문을 짧은 지면에서 다 다루기란 불가능하다. 하지만 쉽지 않은 이 내용을 최대한 간략히 소개해 보고자 한다.

"악은 무엇인가?"라고 질문할 때, 우리는 존재에 주목해야 한다. 우리가 악을 정의하려 할 때 우리는 악이 정말로 **있는가** 하는 문제를 맞닥뜨린다. 이상하게 들리겠지만 단언하는 바, 악은 **없다**. 즉 **존재하지 않는다**. 왜일까? 사실상 악은 **아무것도 아니기** 때문이다.

크리스천 사이언스(Christian Science; 1879년 미국 보스턴에서 일어난 신흥 기독교 종파로 모든 질병은 마음먹기에 따라 생기거나 없어진다고 하며, 과학의 발달에 따라 인간이 신이 될 수 있다고 믿는다.-역주)는 악의 실재를 완전히 부정하며 악은 환상일 뿐이라고 생각한다. 하지만 내가 주장하는 바는 그런 것이 아니다.

나는 일전에 크리스천 사이언스 대변인과 악의 본질이라는 문제를 놓고 토론한 적이 있다. 그는 악이 환상이라는 입장을 견지하고 있었다. 토론 중에 나는 그에게 나라는 사람이 환상이라고 생각하는지 물었다. 그는 내가 환상이라고 생각하지 않는다고 했다. 나라는 사람이 실재한다고 말이다. 그래서 나는 이렇게 물었다. "제가 악은 환상이 아니라고 말해도 좋다고 생각하십니까?" 그는 그렇게 말하는 것이 좋지 않다고 생각했다. 이에 나는 다음과 같이 말했다. "제가 그렇게 말하는 것이 좋지 않다는 말은 그것이 나쁘다는 뜻이고, 그러면 그것은 악이 환상이 아닌 실재라는 하나의 예라고 할 수 있군요."

그렇다면 내가 악은 아무것도 아니라고 했던 말은 무슨 의미인가? 내가 사용한 **아무것도 아니**(nothing)라는 단어는 어원적으로 부정의 의미를 담는 접두사(no–)와 어떤 대상을 가리키는 명사(thing)의 합성어이다. 즉, **아무것도 아니**라는 말은 말 그대로 '없는 것'(no thing)을 뜻한다.

내가 이 점을 강조하는 이유는, 우리가 문화의 영향을 받아 마치 악을 어떤 독립된 실체인 양, 혹은 우리가 마시는 물이나 대기 중에 있는 무언가인 양, 혹은 스스로 존재하며 그래서 우리의 삶과 세상에서 일어나는 일에 영향을 미치는 어떤 독립적인 힘이나 능력인 양 생각하기 때문이다. 그래서 악이 무엇**인가**와 관련해 우리가 먼저 이야기해야 할 내용은 그것은 무엇이 **아닌가** 하는 점이다. 그것은 존재하는 어떤 **것**이 아니다. 악은 존재를 담고 있지 않다. 즉, 악에는 존재론적 지위가 없다.

오히려, 악은 존재하는 어떤 것의 행위이다. 나는 어떤 것이다. 우리는 어떤 것이다. 내가 선하지 않은 일을 하면 곧 악한 일을 하는 것인데, 이때 악은 어떤 존재의 행위이다. 그 자체가 존재는 아니다. 이게 지금은 너무 현학적인 말장난처럼 들리고 또 두 번째 질문인 악이 어디서 오는지에 관한 내용과 직접적인 관련도 없어 보일 것이다. 나는 악을 이렇게 정의하는 것이 악의 기원에 관한 더 깊은 질문을 다루는 데 얼마나 중요한지 뒤에 가서 밝히고자 한다.

교회 역사에서 위대한 신학자이자 철학자였던 히포의 아우구스티누스(Augustine of Hippo)와 토마스 아퀴나스(Thomas Aquinas)는 악이 무엇인지에 관한 질문에 답하기 위해 애썼다. 아우구스티누스와 아퀴나스 모두 악의 본질을 설명하기 위해 **프리와티오**(*privatio*)와 **네가티오**(*negatio*)라는 두 개의 라틴어 단어를 사용했다. 프리와티오는 영어에 들어와 **결여**(privation)라는 단어가 되었고, 네가티오는 영어에 들어와 **부정**(negation)이라는 단어가 되었다. 결국 역사적으로나 전통적으로 악의 본질에 대한 정의는 부정과 결여의 관점에서 이루어져 왔다.

철학과 신학에서 신비를 정의하기 위해 사용하는 가장 중요한 방법 중 하나는 바로 '부정 화법'이다. 이는 어떤 대상이 무엇이 **아닌지**를 말하는 방식이다. 예를 들어, 하나님의 성품과 존재에 관해 이야기할 때 우리는 하나님이 무한하시다고 말한다. 무슨 의미인가? 하나님은 유한하지 않으시다는 말이다. 이것이 부정 화법을 적용한 한 예이다. 아우구스티누스와 아퀴나스는 성경에서 "불법의 비밀"(살후 2:7 참조)이라고 일컬어지는 이 악의 본질을 논의하려면 먼저 부정 화법을 통해 그것은 무엇이 **아닌지**를 이해해야 한다고 믿었다.

결국, 이런 의미에서 볼 때 악은 오직 "선이란 무엇인가?"라는 배경하에서만 정의할 수 있다. 성경은 '경건치 않음', '불의', 그리고 '부정' 등의 단어를 사용해 악을 정의한다. 이 용어는 모두 긍정적인 것의 반대를 뜻하는 부정

어로 사용된다. **부**(不)정은 오직 그에 앞서는 정의의 개념에 대비해서만 이해할 수 있다. **불**(不)의는 오직 의로움이라는 배경하에서만 인식할 수 있다. 이런 의미에서 어느 위대한 신학자는 악이란 마치 기생충 같은 것이라고 말하기도 했다. 그 자체를 독립적인 존재로 인식할 수 없고, 오직 긍정적인 기준에 비추어볼 때만 인식하고 이해할 수 있다는 뜻이다. 또한, 악은 기생충처럼 숙주가 죽으면 함께 죽는다. 기생충은 자신의 힘과 존재를 숙주에 의존하는데 악도 마찬가지다. '선'이라는 배경에 비추어보지 않고서는 악을 올바로 정의할 수 없다.

아우구스티누스와 아퀴나스가 사용한 다른 한 단어는 '결여'이다. 이는 결핍을 의미한다. 만약 우리가 원하는 무언가를 얻지 못한다고 해도 그것이 곧 우리가 상실을 겪고 있다는 의미는 아니다. 하지만 우리에게 꼭 필요한 무언가를 얻지 못하면 이는 우리가 무엇을 상실했다고, 즉 우리의 존재 자체에 필요하고 없어서는 안 될 무언가가 부족한 상황이라고 말할 수 있다.

웨스트민스터 표준문서에서는 죄가 무엇인지 묻는다. 그리고 웨스트민스터 소요리문답에 따르면, "죄는 하나님의 율법 가운데 어떤 것을 순종함에 있어 조금이라도 부족하거나 거기에 순종하지 않는 것"(제14문답)이다. 신앙고백적인 관점에서 보면, 죄 혹은 도덕적 악은 하나님의 율법을 순종함에 있어 부족, 결여, 모자람이 있는 상태로 정의한다. 의로움은 하나님의 율법에 순종하는 것, 다시 말해 하나님이 명하신 일을 하는 것이다. 그러나 하나님이 명하신 일을 하지 못하고 의에 대한 그분의 기준을 충족하지 못할 때 그것은 곧 죄가 된다.

16세기 종교개혁자는 고전적인 악의 정의를 더욱 확장했다. 그들은 악이 부정과 결여라는 관점에 동의했다. 그리고 악이 존재론적으로 독립적인 지위를 갖지 못한다는 생각에 그것은 그저 환상이라고 결론을 내리지 못하도록 또 하나의 라틴어 용어인 **악투오사**(*actuosa*; '적극적인', '능동적인'이라는 의미이다.—역주)를 첨가했다. 따라서 악은 **프리와티오 악투오사**이다. 이 말이 의미는 비록 악이 스스로 존재하는 어떤 것은 아닐지라도 **악은 실재하며**, 그로 인해 파괴적인 결과를 가져온다는 뜻이다. 악은 **실제적인 결여**이며, 이는 곧 하나님의 말씀에 대한 적극적인 불순종이다. 또한 실재하는 존재가 실재하는 악을 행하기 때문에, 비록 악이 독립적이지는 않지만 그럼에도 악은 실재한다. 우리는 바로 이 점을 "악은 무엇인가?" 그리고 "악은 어디서 오는가?"라는 질문의 출발점으로 삼고자 한다. 그것이 이 두 질문에서 쉬운 부분이기 때문이다.

두 번째 질문은 악의 기원 및 그 악이 어떻게 온전히 거룩하고 의로우신 하나님이 창조하신 이 세상을 침범할 수 있었는지다. 세상은 그러한 하나님이 창조하셨을 뿐만 아니라, 또한 하나님이 다스리고 통치하신다. 만약 이 하나님이 거룩하고 의로우신 분이라면, 어떻게 그런 분이 세상에 그토록 많은 악을 허용하실 수 있는가? 악의 기원에 관한 문제는 기독교의 아킬레스건이라 불려 왔다. 기독교를 비판하는 이들은 이렇게 말한다. "기독교가 주장하는 진리의 가장 취약한 부분은 이른바 선하고 거룩하신 하나님이 지으시고 다스리신다는 이 세상에 악이 존재한다는 사실이다." 때로는 우리 그리스도인도 이 문제의 심각성을 느끼지 못할 때가 있다.

철학자 존 스튜어트 밀(John Stuart Mill)은 악의 존재로 인해 하나님의 존재 자체가 심각한 타격을 입는다고 말했다. 기독교적 관점에서 하나님은 한편으로 전능하신 분이기 때문이다. 즉, 그분께는 모든 권능이 있다. 다른 한편으로 우리는 하나님이 사랑이 많으시고 선하시다고 말한다. 밀은 이 세상에 있는 고통과 슬픔, 고난과 도덕적 악을 목도한 후 하나님의 선하심과 하나님의 전능하심이라는 이 두 개념은 논리적으로 상응하거나 공존할 수 없다고 했다.

그의 논지는 다음과 같다. 만약 하나님이 전능하심에도 불구하고, 혹은 악이 없는 세상을 창조하거나 언제든지 세상에서 악을 제거할 능력을 지니심에도 불구하고 그렇게 하시지 않는면, 그분은 선하거나 사랑이 많으신 분이 아니다. 도대체 어떤 존재가 스스로 절대적인 능력을 갖추고 있으면서 자신이 창조한 세상의 고통과 고난, 죄악을 보고도 이를 제거하지 않고 내버려 둘 수 있단 말인가? 그래서 밀은 그런 하나님은 선하신 분일 수 없다고 말했다. 반대로, 만약 하나님이 선하고 사랑이 많으신 분이며 자신이 창조한 세상에 커다란 오점을 남기는 그 악을 없애 버리길 원하심에도 그렇게 하시지 않는다면, 이는 그분이 전능하시지 않다는 뜻이다.

결국, 하나님은 선하신 분이 아니거나, 전능하신 분이 아니다. 이 문제에는 충분한 해결책이 있는데, 차후에 살펴볼 것이다. 하지만 그전에 나는 "악은 어디에서 오는가?"라는 질문에 짧게 답해야 하겠다.

나는 모른다.

이 질문에 답하려면 철학적으로뿐만 아니라 신학적으로도 빈틈없는 신정론이 필요하다. 앞서 1장에서 살펴본 바와 같이 신정론이란 세상에 있는 악의 문제에 대해 하나님을 변호하려는 지적이고 이성적인 논증 방법이다. 다시 말해서, 그것은 존 스튜어트 밀과 같은 이들의 비판에 답하고 이러한 악의 문제에 대해 하나님의 정당성을 옹호하려는 시도이다. 나는 그간 수많은 신정론을 탐구했지만, 어느 하나에도 완전히 만족할 수 없었다.

나는 대략 한 달에 한 번 꼴로 악의 기원에 관한 문제를 해결했다고 주장하는 이들로부터 편지를 받는다. 하지만 그 편지에서 제시하는 해결책들은 지나치게 단순하다. 사람들은 대개 이 문제의 깊이를 제대로 보지 못하고 있다.

그중에 가장 흔한 답변은 악의 기원이 인간의 자유 의지와 관련되어 있다는 것이다. 우리는 누구나 세상에 도덕적 악을 불러온 존재가 사람이라는 점을 알고 있다. 그것은 아담과 하와였다. 그들은 창조주께서 자신에게 부여하신 선택하는 능력을 행사해 악이라는 열매를 맺었다. 아담이나 하와(혹은 그들 모두)가 자기 의지대로 하나님께 불순종함으로써 죄가 생겨나게 되었다. 이는 마치 루시퍼가 선한 천사였을 때 자신의 자유 의지를 행사해 하나님께 대한 불순종을 선택함으로써 악하고 타락한 천사가 된 것과 마찬가지였다.

나는 그들이 그런 선택을 했으며, 그러한 선택은 악한 것이었음을 부정하지 않는다. 하지만 이런 설명으로는 이 문제를 해결할 수 없다. 1장에서 보았듯이 어떤 선택을 하기 전에는 반드시 특정한 도덕적 끌림이 있어야만 하기 때문이다. 조나단 에드워즈(Jonathan Edwards)는 자신의 책 『자유 의지』(The Freedom of the Will)에서 이 점을 세밀하게 다루고 있다. 그는 악한 선택을 설명하는 유일한 길은 그러한 선택을 하게 하는 악한 끌림이나 성향을 전제로 하는 것뿐이라고 결론짓는다. 아담과 하와의 선택은 악한 것이었고, 그들은 자신의 의지로 그것을 선택했음이 명확하다. 이는 사탄의 경우에도 마찬가지다. 그러나 뒤따르는 의문은 이것이다. "그들에게 내재한 그 성향은 어디에서 왔는가? 아담과 하와를 이끌어 하나님께 불순종하게 했던 그것은 도대체 무엇인가?"

로마 가톨릭 신학에는 '정욕'에 관한 교리가 있다. 그 교리에 따르면 정욕 혹은 강한 욕망은 죄에서 **비롯되며**, 또한 죄로 **이끌지만**, 그 자체가 죄는 아니라고 말한다. 그러나 성경은 죄에서 비롯된 것과 죄로 이끄는 것은 곧 죄악이라고 말한다. 어떤 악을 저지르고자 하는 욕망을 가진 존재는 그 악을 실행하려는 결정을 내리기 전이라 해도 이미 죄악에 빠진 것이다.

많은 이가 아담과 하와의 자유로운 선택으로 인해 악이 생겨났다고 말하지만, 그들이 놓치는 것이 있다. 하나님의 형상을 따라 선하게 지음 받은 이 피조물은 도대체 왜 그분께 불순종하는 선택을 했는가? 만약 악에 선행하는 끌림이나 욕망, 성향 같은 것이 없다면, 그러한 선택은 전혀 도덕적 행위가 아닐 것이다. 만약 피조물의 어떤 행위가 자연 발생적이라고 한다면, 곧 그들에게는 도덕적 행위를 할 능력이 전혀 없다는 뜻이 되기 때문이다.

어떤 이는 창세기 3장을 보고 아담과 하와가 사탄의 힘에 눌려 강제로 죄를 짓게 되었다고 결론 내린다. "마귀가 나를 그렇게 만들었습니다"라는 말은 고전적인 변명이다. 그것은 하와가 했던 변명이었다. 하와의 신정론인 것이다. 아담도 그런 주장에 편승해 "하나님이 주셔서 나와 함께 있게 하신 여자 그가"(12절)라고 하며, 마치 하나님이 자신에게 아내를 주셔서 그가 저항할 수 없이 악을 강요당했다는 듯 말한다. 아담의 말은 본질적으로 이런 뜻이다. "주님, 주님이 이 여자를 나의 돕는 배필로 삼으셨고,

그가 나를 절벽 아래로 떨어지도록 도왔습니다." 그러나 만약 정말로 사탄의 강압으로 인해 악이 에덴동산에 들어왔다면, 그것은 용서할 수 있는 일일 것이다. 그리고 거기에는 성경에 따른 도덕적 심판이 따르지 않았을 것이다. 아담과 하와는 사탄의 유혹에 저항할 수 있는 힘이 없었으므로 그에 대한 형벌을 면했을 것이다. 하지만 그런 주장은 이 문제에 대한 철학적 해결책이 될 수 없을 뿐만 아니라, 또한 성경을 거스르는 생각이다.

그런가 하면 사탄의 화신인 뱀이 들짐승 중에 가장 간교하다는 성경의 기록을 바탕으로 또 다른 주장을 하기도 한다. 사탄이 교활한 속임수로 하와를 꾀어 하와가 부지 불식간에 죄에 빠졌다는 것이다. 마찬가지로, 만약 하와가 정말로 소위 **불가항력적** 무지, 즉 도무지 극복할 길이 없는 무지에 빠져 죄를 저질렀다면, 그것은 죄라고 할 수 없고, 그러한 행동에 하나님이 벌을 내리신다면 그 또한 너무 가혹한 처사라 할 수 있다. 그러나 하와나 아담의 무지에 항변하는 것 역시 성경을 거스른다. 성경은 하나님이 아담과 하와에게 그들이 해서는 안 될 일과 만약 이를 어기면 어떤 결과를 초래할지 분명히 말씀하셨다고 기록하기 때문이다.

사탄은 "하나님이 참으로 너희에게 동산 모든 나무의 열매를 먹지 말라 하시더냐"(창 3:1)라고 말함으로써 하나님이 말씀하신 전제에 의문을 제기했다. 이때 사탄은 하나님이 그렇게 말씀하시지 않았다는 사실을 아주 잘 알았다. 이에 하와는 "그렇지 않다"라고 대답했다. 세계 최초의 변증가가 된 것이다. 하와는 다음과 같이 하나님의 성실하심을 변호했다. "하나님은 그렇게 말씀하시지 않았다. 하나님은 우리가 동산 모든 나무의 열매를 마음껏 먹을 수 있지만, 이 한 나무에 대해서만 먹기를 금하셨다. 만약 우리가 그것을 먹으면 반드시 죽으리라고 말씀하셨다"(1–2절 참조). 그러자 사탄은 "너희가 결코 죽지 아니하리라"(4절)고 말했다.

하나님이 아담과 하와를 창조하셨을 때 그들은 타락하지 않은 상태였다. 그들의 신체적 능력은 우리보다 월등히 우세했다. 왜냐하면 우리의 몸은 죄의 결과로 훼손되었기 때문이다. 그뿐만이 아니다. 그들은 원죄로 인한 쇠락을 겪지 않았기에 그들의 미련한 마음이 어두워지지 않았으며(롬 1:21 참조), 그들의 사고력은 아인슈타인이나 아퀴나스 등 타락 이후의 그 어떤 사람과도 비교할 수 없을 만큼 탁월했다.

뱀이 "너희가 결코 죽지 아니하리라"고 말했을 때 하와는 무모순율(어느 한 사물에 대해 긍정과 부정을 동시에 할 수 없다는 논리학의 한 원리.-역주)에 위반되는 것을 즉시 알아챘을 것이다. 하와는 자신을 지으신 창조주께서 "너희가 A를 하면 반드시 B가 일어날 것이다"라고 말씀하신 것을 알았기 때문이다. 그런데 사탄은 "너희가 A를 해도 B가 일어나지 않을 것이다"라고 말했다. 처음에는 교묘한 말로 시작했던 뱀은 이내 하나님의 성실하심과 진실하심을 직접적으로 공격했다. 그리고 하와는 그 말을 믿었다.

하와는 자신의 죄에 대해 무지를 항변할 수 없었다. 사탄이 우리 인간의 조상에게 속임수를 행했다는 사실은 변명의 여지가 못 된다. 그들은 그것이 하나님의 말씀에 모순된다는 사실을 알았음에도 진실이 아닌 거짓을 따랐기 때문이다. 결국 무지로 설명하려는 시도는 자가당착일 뿐이다. 이제 우리에게 남은 질문은 무엇인가?

1장에서 보았듯이, 스위스의 신학자 칼 바르트는 악의 문제를 "불가능한 가능성"이라고 불렀는데, 이는 모순된 표현이다. 말 그대로 말이 안 되는 표현이다. 바르트는 악이 실제로 일어났다는 사실로 보아 악이 가능했어야 한다는 점을 이해했다. 그러나 악이 어떻게 가능했는지에 대해서는 도무지 설명할 길이 없었다. 겉보기에는 분명 불가능한데, 실제로는 일어났기 때문이다.

우리가 유한하기 때문에 죄를 짓는다고 한 라이프니츠의 주장을 기억할 것이다. 그는 형이상학적 악이 물리적 악을 낳고, 거기서 다시 도덕적 악이 발생한다고 했다. 인간은 잘못을 저지를 수밖에 없으므로 우리에게는 변명의 여지가 있다는 것이다. 이와 같은 신정론을 옹호한 사람은 라이프니츠만이 아니었다. 폴 틸리히(Paul Tillich) 역시 라이프니츠의 주장에 의지했다. 그는 과정 철학에서 그러한 논증을 사용했다.

그 밖에도 이러한 주장은 다양한 형태로 계속해서 나타난다. 많은 이가 내게 말하길, 죄가 세상에 들어온 이유는 우리가 유한하기 때문이고, 유한하다면 우리는 죄에 이끌릴 수밖에 없으며 나아가 죄를 짓는 일이 불가피하다고 한다. 나는 만약 죄가 유한함의 필연적인 결과라면 그것은 용서받을 수 있는 일이라고 지적한다. 하나님이 어떻게 그것까지 탓하실 수 있단 말인가?

그러나 성경은 선을 악하다 하는 것과 악을 선하다 하는 것은 죄라고 분명하게 말한다(사 5:20 참조). 바로 이것이 우리가 매일 저지르는 죄이다. 우리의 불순종과 도덕적 죄악을 정당화하려는 시도는 우리의 악을 선하게 보이려는 것에 불과하다. 또 하나님의 선한 율법을 무시하며 그분의 법이 무언가 잘못되었다고 말하는 것은 선을 악하다 하는 것이다. 악은 선이 아니다. 하지만 악의 존재는 선하다. 만약 그렇지 않다면 완전하신 하나님이 다스리시는 이 세상에 악이 존재하지 않았을 것이다. 이 말은 오해의 소지가 많은 어려운 명제이다.

악이 이 세상에 들어온 것에는 하나님의 목적이 있다. 어떤 의미에서 보면 아우구스티누스의 말처럼, 악이 세상에 들어온 것은 심지어 하나님이 정하신 일이다. 만약 하나님이 그 일을 정하시지 않았다면, 이 땅에 그런 일은 일어나지 않았을 것이다. 악은 이 우주를 다스리시는 하나님의 주권과 섭리를 넘어설 힘이 없기 때문이다.

"하나님을 사랑하는 자 곧 그의 뜻대로 부르심을 입은 자들에게는 모든 것이 합력하여 선을 이루느니라"라는 로마서 8장 28절은 많은 그리스도인에게 사랑받는 구절이다. 만약 하나님이 악을 다스리는 주권적 권세를 지니시지 않았다면, 그분은 우리가 고난의 때에 힘을 얻기 위해 붙들고 의지하는 이 약속의 말씀을 지키시지 못할 것이다. 여기서 하나님이 말씀하시는 바는 우리에게 고난을 가져다주는 나쁜 일 자체가 선하다는 뜻이 아니다. 그보다는 그 나쁜 일이 선을 **이루는** 데 사용된다는 의미이다. 하나님이 그 일을 사용하셔서 궁극적으로 선을 이루신다. 만약 하나님께 선과 악을 다스리는 권세가 없다면, 그 약속을 이루시지 못할 것이다. 따라서 하나님은 우리가 알지 못하고 이해하지 못하는 목적을 이루시기 위해 어떤 의미로는 악이 이 세상에 들어오도록 정하셨다.

하나님은 단지 우리가 선과 악의 차이를 경험하게 하시려는 단순한 의도에서 이렇게 정하신 것이 아니다. 여기에는 구속의 목적이 담겨 있다. 이는 창세기 50장 20절에서 요셉이 자기를 팔았던 형제들에게 "당신들은 나를 해하려 하였으나 하나님은 그것을 선으로 바꾸사 오늘과 같이 많은 백성의 생명을 구원하게 하시려 하셨나니"라고 했던 말과 같다.

이것은 어려운 개념이다. 하지만 이 개념을 이해하기 원한다면 예수님이 십자가에 달리신 금요일을 생각해 보라. 궁극적으로, 예수님을 이방인에게 넘겨 죽게 한 이는 누구인가? 궁극적으로, 예수님이 형벌 받으신 것을 기뻐한 이는 누구인가? 그분을 상하게 하신 분은 바로 여호와이시다. 인류 역사에서 가장 암울했던 그 사건을 우리는 지금 소위 성금요일이라는 날로 기념하고 있다. 비록 우리 주 예수 그리스도의 재판과 형 집행에 관여한 이들의 동기와 의도는 악했고 따라서 그에 대한 책임이 있지만, 그럼에도 그들의 악한 욕망이 하나님의 주권적인 권세를 이길 수는 없었다. 예수님이 십자가에 달려 돌아가신 일은 하나님이 미리 정하신 일이기 때문이다.

이 일은 역사 속에서 우연히 일어난 사건이 아니다. 하나님은 세상을 좌우하실 수 있고, 조금도 흠이 없는 순전하고 거룩한 목적을 이루기 위해 악을 사용하시기도 한다. 다만 우리는 영광에 들어간 후에만 그것을 온전히 보게 될 것이다.

마지막으로 1장에서 살펴본 내용 중에서 한 가지 기억할 것은 불신자가 다루어야 할 문제가 우리보다 훨씬 더 심각하다는 점이다. 우리는 악의 존재를 설명해야 하는 어려움이 있다. 하지만 다시 한번 상기할 것은, 우리가 악을 인지하는 유일한 길은 선이라는 배경을 전제한다는 사실이다. 오직 선이 존재해야만 악도 문제가 된다. 이렇듯 악의 존재는 간접적으로 선의 실재를 가리킨다. 악의 존재는 하나님을 반대하는 근거가 아니라 오히려 하나님의 존재를 증명한다.

반면에 불신자는 악이 세상에 들어온 것을 설명해야 할 뿐 아니라, 선의 주인이신 분이 없는 상태에서 선의 존재도 설명해야만 한다. 그러다 보면 결국에는 악이란 것도 없고 선이란 것도 없으며, 그 모두가 그저 개인적인 호불호일 뿐이라고 말할 수밖에 없다. 이것이 바로 상대주의자의 주장이다. 하지만 누군가가 그들의 지갑을 훔치는 순간 그들은 갑자기 자신의 상대주의를 내팽개치고 "그건 옳지 않아"라고 말하며 정의를 추구할 것이다.

비록 우리는 "악은 어디에서 왔는가?"라는 질문에 본질적으로 "나는 모릅니다"라고 답할 수밖에 없다. 그러나 이러한 질문이 얼마나 까다롭고 또한 신비로운지 아는 것은 중요한 일이다.

나는 악의 기원이 어디에 있는지 온전히 알거나 이해하지는 못하지만, 그 미래에 대해서는 알고 있다. 내가 아는 사실은 그리스도께서 그 모든 악을 이기셨고, 하나님은 장차 세상의 모든 도덕적, 물리적, 형이상학적 악을 제거하실 것이며, 우리는 그리스도의 장성한 분량에 이르도록 자라나 그 어떤 눈물과 죄와 사망도 없는 새 하늘과 새 땅에서 살게 되리라는 것이다.

03

사고와 우연

WHY IS THERE EVIL?

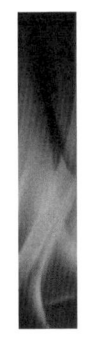

　몇 해 전에 교차로에서 어떤 트럭이 아내의 차 옆면을 들이받았다. 나는 그 트럭 운전자가 미리 마음에 악의를 품고 의도적으로 내 아내의 차를 들이받았다고 생각하지 않는다. 그는 전혀 그렇게 할 생각이 없었다. 이렇게 트럭 운전자도 의도하지 않았고, 내 아내도 의도하지 않았으며, 사실상 누구도 그런 일을 의도하지 않았기에 우리는 이런 일을 사고라고 부른다. 하지만 그럼에도 우리는 다음과 같은 질문을 하게 된다. "그런 일이 일어날 때 하나님은 어디에 계셨는가? 우리가 살면서 사고를 당했을 때 하나님은 어디에 계셨는가?"

　1993년 9월 22일, 아내와 나는 잊을 수 없는 사고를 경험했다. 우리는 기차를 타고 멤피스에서 출발해 뉴올리언스에서 잠시 정차했다가 올랜도까지 가는 여행길에 올랐다. 사고 전날 저녁 우리는 뉴올리언스에서 "선셋 리미티드"(Sunset Limited)라는 이름의 기차에 탑승했다. 그날 밤 기차의 마지막 열차에 있는 침대칸으로 들어간 우리는 다음 날 아침이면 목적지에 도착해 집에 갈 수 있으리라 생각하며 편안하고 안락하게 잠자리에 들었다.

그러나 난데없이 모든 것이 수포로 돌아갔다. 새벽 3시에 나는 잠에서 깨어 인간 탄환이 되어 관성의 법칙에 따라 공중을 날았다. 시속 110킬로미터의 속도로 달리던 기차가 어딘가에 충돌한 것이다. 어떤 차량이 시속 110킬로미터로 주행하다가 갑자기 정지하면 그 안에 있던 사람은 시속 110킬로미터로 계속 진행하게 된다. 나는 그렇게 운동하는 물체 안에 있었고, 무언가가 그 운동을 멈출 때까지 계속해서 그런 운동 상태에 있었다. 결국 기차는 벽에 충돌했고 그 운동이 멈췄다. 나는 쇠붙이가 갈리는 날카로운 굉음을 들으며 벽에 부딪혔다.

정신을 차려 보니 사람들이 처참한 잔해 가운데 널브러져 있었다. 하지만 그러한 충격적인 순간에도 머릿속에서 가장 먼저 떠오른 것은 '아내는 괜찮을까?' 하는 생각이었다. 아내도 마찬가지였다. 아내 역시 나를 걱정했다. 누가 먼저랄 것도 없이 우리는 어둠 속에서 서로에게 소리쳤다. "여보, 괜찮아요?" 아내는 내게 괜찮다고 말하며 나를 안심시켰고 나도 아내에게 그렇게 말했다. 바로 그때 옆 칸에 있던 한 여성의 비명 소리가 들렸다. 그분은 피를 흘리는 채로 자신의 방에서 나오지 못하고 있었다.

객실 승무원이 우리 방과 옆 방의 문을 세차게 두드리며 부상자의 수를 파악하려 했다. 나는 복도로 나가 승무원을 도와 여성이 있던 방의 문을 열었다. 그 여성은 치명상을 입지는 않았지만, 굉장히 겁에 질려 있었다. 그 순간 내 짐작이 바뀌었다. 처음 충돌이 있었을 때 나는 우리가 탄 기차가 철로의 교차로에서 어떤 차량과 부딪힌 것으로 생각했다. 하지만 복도를 걸어가며 창밖을 내다보니 거대한 불기둥이 20미터 상공까지 치솟고 있었다.

그 순간 나는 우리가 분명 대형 유조차를 들이받은 것이라고 생각했다. 하지만 정확히 어떻게 된 일인지는 알 수 없었다. 우리는 2층 열차의 위층에 있었다. 사람들은 계단으로 내려가 기차의 뒤편으로 나갔다. 우리는 서둘러 나가 기차에서 멀리 벗어났다. 불길이 우리 쪽을 향하고 있었기 때문이다. 잠시 후에 나는 크게 돌아 다시 기차의 뒤쪽으로 다가가 상황을 살폈다. 나는 어떤 화염을 보았는데, 나중에 알고 보니 어떤 배에서 뿜어져 나온 것이었다. 사실 이 사고는 그 배가 철교와 부딪치면서 생긴 일이었다.

화염과 안개가 뒤섞인 상황 뒤로 열차 두 량이 물속에 빠진 것을 볼 수 있었다. 그 자리에 서서 물에 빠진 열차를 바라보는데, 갑자기 불덩이 하나가 깔때기 속을 뚫고 지나가듯 그중 한 량을 관통해 반대편 빈 쪽으로 나갔다. 나는 속으로 "저 객차 안에 아직 누군가 남아 있다면, 더는 희망이 없겠어"라고 생각했다. 하지만 나는 그 열차 아래에 또 다른 열차 한 량이 깔려 강바닥에 가라앉아 있었다는 것과 그 안에 있던 승객들이 거의 살아남지 못했다는 사실은 알지 못했다.

그러고 나서 우리는 사람들과 무리 지어 선로에 웅크리고 앉았다. 그중에 많은 이가 열차 사고로 물에 빠졌다가 간신히 헤엄쳐 나오거나 혹은 강둑에 있던 사람들에게 구조된 이들이었다. 우리는 다 같이 구조를 기다리며 서로서로 안정을 찾도록 도우려 했다. 하지만 그 사고가 일어난 지점은 앨라배마의 외딴 지역 한가운데였다. 도로조차 없어서 차가 접근할 수 없는 곳이었다. 그곳으로 진입하는 길은 철로뿐이었는데, 단선 철로가 이 사고로 무너져서 공중이나 물을 통하는 것 외에는 접근할 다른 방법이 없었다.

헬리콥터가 도착했지만 착륙할 수 없었다. 불길이 너무 높고 거세게 일었기 때문이다. 예인선의 선장과 선원들은 물에서 약 17명을 구조했다. 하지만 우리는 있던 자리에 그대로 있으라는 지시를 받았다. 마지막으로 철로 반대편에서 기차 한 대가 접근해 왔고, 우리는 '이제 구조되는구나!' 하고 생각했다.

그러나 그 기차는 멈춰 서더니 결국에는 후진해서 떠나버렸다. 우리는 이유를 알 수 없었다. 나중에 알고 보니 그 기차는 운행 중이던 화물 열차였다. 사고 현장에 도착한 그 열차는 모빌(Mobile; 앨라배마주의 도시 이름.-역주)에 무전을 쳤다. 모빌에 있던 사람들은 이미 해안 경비대로부터 사고 소식을 들어 알고 있었지만, 얼마나 심각한 사고인지는 몰랐다. 그들은 모빌에 있던 구조팀을 전부 불러 모았고, 병원에 연락해 두었으며, 사고 조치 프로그램을 가동했다. 그렇게 해서 기차를 통해 사고 현장으로 파견할 구조팀 400명을 모았다. 하지만 앞서 있던 화물 열차가 선로를 가로막고 있어 구조팀을 태운 열차가 진입할 수 없었다. 그래서 구조팀은 그 화물 열차가 후진해서 모빌로 돌아갈 때까지 기다렸다가 비로소 구조 열차를 들여보낼 수 있었다.

구조 열차가 들어오자 부상자 분류 작업이 시작되었다. 부상 정도가 가장 심한 사람들은 제일 가까이에 있는 열차에 태웠고, 상대적으로 부상이 심하지 않은 사람들은 선로 위를 직접 걸어서 열차의 끝부분으로 갔다. 아내와 나도 기차의 마지막 칸에 탔다. 그 객차 안에 얼마나 많은 이가 있었는지 모르겠지만, 그래도 우리는 가장 덜 다친 편이었다. 그렇게 우리는 한 시간 정도 기차를 타고 모빌로 갔다. 그런데 그사이에 승객 두 명이 정신적 충격으로 심장마비를 일으켰다.

우리는 다른 승객들이 전하는 경험담을 수없이 들었는데, 그 사고 때문에 혼란에 빠졌다는 이야기는 듣지 못했다. 폭력적인 소요도 없었다. 이런 상황에서 사람들은 서로 협력했다. 우리는 어느 정도 희생자가 있을 수밖에 없으리라는 점은 알았지만, 이 사고가 암트랙(Amtrak; 미국 연방 정부가 운영하는 준공영 철도 여객 운송회사.-역주) 역사에 있어 최악의 사고였다는 사실과 이번 사고로 목숨을 잃은 사람의 수가 암트랙 역사에서 일어난 모든 사고의 사망자 수를 다 더한 것보다도 많았다는 사실은 몰랐다.

우리는 모빌에 도착할 때까지 그 사실을 전혀 모르고 있었다. 막 해가 떠오르던 그 시각, 밖을 내다보니 백여 대 이상의 구급차가 운집해 우리를 기다리고 있었다.

다시 부상자 분류 작업이 진행되었다. 우리는 부상 정도가 가장 경미하여 가장 먼 곳에 있는 병원으로 이송하는 버스에 배정되었다. 그렇게 우리는 다시 한 시간을 달려 목적지에 도착했다. 병원 앞에 도착하니 엄청나게 많은 사람이 기다리고 있어서 우리는 무척 놀랐다.

나는 그때 보았던 병원의 이름을 도저히 잊을 수가 없다. 그 병원의 이름은 다름 아닌 "섭리 병원"(Providence Hospital)이었다. 그곳에서 치료를 받는 동안 우리는 크고 따뜻한 위로와 친절을 경험했다.

마침내 집에 있는 가족에게 전화를 했을 때 나의 기분은 마치 베드로가 감옥에서 풀려나 자신을 위해 기도하는 사람에게 가서 그 집의 문을 두드리는 듯한 심정이었다. 사람들은 그가 베드로의 천사라 생각하며 그의 면전에서 문을 열어 주지 않았다. 내가 전화를 걸었을 때는 이미 아들이 모빌로 가는 비행기를 타기 위해 떠난 상태였다. 아들은 시신을 마주하게 될지 아니면 우리와 함께 집으로 오게 될지조차 모른 채 그 길을 떠난 것이다.

우리는 모빌 공항에서 아들을 만나 함께 집으로 돌아왔다. 이 사건은 전국적인 뉴스가 되었고, 신문사 기자와 방송국 관계자가 나를 인터뷰하기 위해 몰려들었다.

나중에 이 모든 일을 되새겨 볼 때 나의 뇌리에서 가장 떠나지 않는 것은 사람들이 나에게 한 질문이다. 그들은 여러 가지 시시콜콜한 질문을 했는데 가장 자주 물은 질문은 이런 것이었다. "당신은 왜 그토록 운이 좋았다고 생각하십니까? 당신의 생명은 구조되었지만 다른 47명의 생명은 희생된 이유가 무엇이라고 생각하십니까? 당신은 정말로 운이 좋았다고 생각하지 않으십니까?"

나는 이렇게 대답했다. "아니요. 나는 특별히 운이 좋았다고 느끼지 않습니다. 아마도 내가 그 기차를 놓쳤더라면 운이 좋았다고 할 수도 있겠죠. 하지만 저는 이런 일들을 운의 문제로 여기지 않습니다. 저는 단지 저의 생명이 하나님의 손안에 있었음을 알 뿐입니다."

"그렇지만 다른 사람의 생명도 하나님의 손안에 있었던 것 아닙니까?" 이런 질문에 나는 "당연히 그렇습니다"라고 대답했다.

후에 나는 그 사고와 관련된 다양한 이야기를 듣게 되었다. 뉴올리언스에서 친구들을 만난 한 부부가 있었는데, 이 부부는 침대칸에 있었지만 친구들의 좌석은 그렇지 않았다. 이 부부는 침대칸에서 나와 친구들이 있는 앞쪽 객차로 이동했다가 거기서 모두 사망했다. 참으로 아이러니한 운명 아닌가?

어떤 이는 내게 이렇게 물었다. "당신은 생존했는데 다른 사람은 그렇지 못한 이유가 무엇입니까?" 나는 다음과 같이 대답했다. "저는 모릅니다. 어쩌면 내일 하나님이 저를 데려가실지도 모르죠. 물론 그분은 지난밤에 그렇게 하셨을 수도 있습니다. 다만 저는 하나님의 섭리 안에서 지난밤은 제가 아닌 다른 분들이 세상을 떠나야 할 시간이었다는 것밖에는 알 수 없습니다." 시속 110킬로미터로 달리던 기차가 다리가 무너져 더는 통제할 수 없는 상태가 된 그 순간에도 하나님은 모든 것을 통제하고 계셨다. 기차의 기관사나 예인선의 선장, 승객들 그 누구도 그 기차를 통제할 수 없었다. 하지만 하나님의 손은 그곳에서도 역사하셨다.

비극적인 참사를 겪으면 참으로 고통스러운 것이 사실이다. 그러나 그만큼 나의 삶과 죽음이 하나님의 손안에 있음을 알게 되면 더욱 큰 위로가 된다. 누군가 내게 물었다. "이번 일과 관련해 당신은 어떤 신학적 깨달음을 얻었습니까?" 이에 대해 나는 다음과 같이 답했다. "경건하게 들릴 만한 대답을 할 수도 있겠지만, 사실 저는 새롭게 깨달은 것이 딱히 없습니다. 왜냐하면 저는 이미 저의 생명이 하나님의 섭리 안에 있음을 알았기 때문입니다. 이번 사고가 일어나기 전에도 저는 이미 하나님의 섭리를 믿었습니다. 다만 이제 그것을 실존적으로, 그리고 경험적으로 깨닫게 되었습니다. 제가 믿던 교리가 이러한 실제 상황을 통해 확인되었을 뿐입니다."

나는 우리의 삶이 결코 안전하지 않다는 것을 알게 되었다. 나 스스로 안전하다고 생각할 때에도 나는 안전하지 않다. 그러나 동시에 나는 언제나 안전하다는 사실 또한 알았다. 이는 역설적이지만 모순되지는 않는다. 인간적인 관점에서 보면 우리는 전혀 안전하지 않지만, 하나님의 관점에서 보면, 우리의 삶이 하나님의 손안에 있다면, 우리는 언제나 완전한 안전 가운데 있다. 심지어 목숨을 잃은 사람조차 하나님의 손으로 **안전하게** 생을 마감한 것이다.

내 삶의 궁극적인 평안과 안전은 이 세상을 살아가기 위해 내 손으로 계획하고 준비하는 것이 아닌 하나님의 공급에 달려 있다. 따라서 만약 내 삶을 끝내기로 하나님이 정하셨다면, 마치 내가 하나님도 사람도 전혀 통제할 수 없는 맹목적이고 비인격적인 힘의 희생양이 된 것처럼 생각하기보다는, 그것이 하나님의 손안에서 일어나는 일임을 이해하는 편이 훨씬 더 나을 것이다.

물론 하나님이 하늘에서부터 손을 내밀어 우리가 탄 기차를 움켜잡으신 후 다리에서 집어던져 물에 빠뜨리셨다는 말이 아니다. 그렇게 터무니없는 말을 하려는 것이 아니다. 하지만 우리가 하나님을 믿는다면, 우리는 앨라배마에서 일어난 그 기차 사고 현장에 하나님의 보이지 않는 손이 주권적으로 역사하셨다는 사실을 믿어야 한다. 하나님의 섭리는 인간의 도로가 닿지 않는 곳에도 미치기 때문이다. 그분의 섭리는 밤에도 미치고, 늪지대에도 미치며, 어둠 속에도 미치고, 불길 속에도 미치며, 사고 현장에도 미치고, 인생의 좌절 가운데도 미치며, 우리가 경험하는 모든 사건과 사고 속에도 미친다. 우리는 하나님이 섭리의 하나님이심을 믿는다.

어린아이가 "이런 일은 왜 일어나는 거예요?"라고 물을 때, 우리는 '왜냐하면'이라는 짧은 말로 답을 시작한다. '왜냐하면'이라는 말은 이런 결과를 가져온 원인이 있다는 뜻을 담고 있다. 그에 대한 **원인**이 있다.

세상에는 인과관계라는 것이 있지만, 궁극적으로 모든 권능은 하나님께 있다. 일어나는 모든 일에 있어 최상위 원인은 바로 하나님이시다. 그분이 일하시는 방식은 반드시 직접적이거나 즉각적이지는 않다. 세상에 나타나는 원인을 통해 일하실 수도 있고, 또 실제로 자주 그렇게 하신다. 그러나 그분의 주권은 세상 만물에 미치며 궁극적으로 '사고'라는 것은 존재할 수 없다.

　원인을 바로 아는 것이 중요하다. 우리는 풀이 자라고 죽는 이유를 바르게 알아야 한다. 몸이 아플 때 우리는 그 원인을 알기 위해 의사에게 간다. 그러나 우리는 흔히 이차적인 원인에 주목하곤 한다. 그리스도인은 더 깊은 곳으로 들어가 이 땅의 현세적인 원인 너머에 있는 하나님의 보이지 않는 손, 곧 그분의 섭리를 보아야 한다.

04

섭리와 고난

WHY IS THERE EVIL?

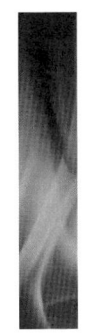

　성경은 하나님이 세상 나라를 일으키시기도 하고 무너뜨리시기도 한다고 말한다. 그분은 왕과 군주와 통치자를 세우시기도 하고, 보좌에서 쫓아내시기도 한다. 하나님이 바벨론을 심판하셨고, 벨사살에게 수치스러운 최후를 내리셨다. 그런데 오늘날 우리가 하는 위험한 가정이 있다. 바로 하나님이 언제나 우리 편이실 거라는 생각이다.

　미국 남북전쟁 당시 남과 북 양쪽의 그리스도인은 모두 하나님이 자기 편이라고 확신했다. 그러나 전쟁의 결과를 볼 때 하나님이 양쪽 모두의 편에 계시지 않았던 것이 분명하다. 그런 분쟁에서 양쪽 모두가 승리할 수는 없기 때문이다. 암울했던 냉전 시기에 레이건 대통령은 소련을 "악의 제국"이라고 칭했다. 걸프전 때는 사담 후세인을 사탄이나 악의 화신으로 종종 묘사했다. 자유주의 국가에 사는 우리는 보통 하나님이 우리 편이실 거라고 생각한다. 그러나 그것은 참으로 위험한 생각이다.

구약 역사에서 하나님은 마치 신랑이 신부에게 서약하듯 이스라엘 백성에게 맹세하셨다. 야훼는 이스라엘의 하나님이셨다. 그분은 그들의 운명을 분명히 약속하셨다. 그들이 번성하리라고 약속하신 것이다. 그렇게 하나님이 그들과 언약을 맺으셨지만, 그들의 불순종으로 인해 하나님은 그분의 섭리 가운데 다른 나라의 손을 사용해 그들에게 벌을 내리셔서 자신의 백성을 징계하셨다.

사사기를 보면 이스라엘이 하나님 보시기에 악한 행동을 했을 때 하나님은 이방 나라를 일으켜 이스라엘을 탄압하게 하셨다. 그분이 친히 섭리의 손으로 블레셋과 미디안 족속 등을 도구로 삼아 이스라엘을 회개의 길로 이끄셨다. 이스라엘이 바벨론 포로로 끌려간 일은 하나님의 손이 그들을 심판했음을 명확히 나타낸다. 따라서 우리는 무슨 짓을 하든 하나님이 언제나 우리 편에서 우리를 위해 싸우실 것이라는 치명적인 착각을 해서는 안 된다.

하나님이 악한 나라를 사용해 미국을 심판하시는 것도 얼마든지 가능한 일이다. 구약 시대에 하나님이 이스라엘에 그와 같은 일이 일어나게 하셨을 때, 하박국 선지자는 그 사실을 받아들이지 못해 굉장히 괴로워했었다. 갈대아인이 하나님의 백성을 침략하자 하박국은 이렇게 물었다. "어떻게 하나님이 이런 일을 허락하실 수 있단 말인가? 그분의 정의는 어디에 있는가? 그분의 자비는 어디에 있는가?"

그는 다음과 같이 썼다. "여호와여 내가 부르짖어도 주께서 듣지 아니하시니 어느 때까지리이까 내가 강포로 말미암아 외쳐도 주께서 구원하지 아니하시나이다 어찌하여 내게 죄악을 보게 하시며 패역을 눈으로 보게 하시나이까 겁탈과 강포가 내 앞에 있고 변론과 분쟁이 일어났나이다 이러므로 율법이 해이하고 정의가 전혀 시행되지 못하오니 이는 악인이 의인을 에워쌌으므로 정의가 굽게 행하여짐이니이다"(합 1:2-4).

하박국의 말은 이런 뜻이다. "나라가 휘청거리고 있습니다. 저희는 외세의 압박 가운데 놓여 폭력이 난무하는 시대에 살고 있습니다. 법이 어두워지고, 의인들은 완전히 무력감에 빠졌습니다." 이보다 앞서 한 시편 기자는 애통해하며 비슷한 질문을 했다. "어찌하여 악인은 형통하고 의인은 고난을 받습니까?"(시 73편 참조). 이 모든 일 가운데 하나님의 손은 어디에 있는 것일까? 어떻게 그분은 이런 일이 일어나도록 허용하실 수 있을까?

하박국은 계속해서 하나님과 논쟁하며 자신의 불만을 토로한다. "여호와 나의 하나님, 나의 거룩한 이시여 주께서는 만세 전부터 계시지 아니하시니이까 우리가 사망에 이르지 아니하리이다 여호와여 주께서 심판하기 위하여 그들을 두셨나이다 반석이시여 주께서 경계하기 위하여 그들을 세우셨나이다 주께서는 눈이 정결하시므로 악을 차마 보지 못하시며 패역을 차마 보지 못하시거늘 어찌하여 거짓된 자들을 방관하시며 악인이 자기보다 의로운 사람을 삼키는데도 잠잠하시나이까"(합 1:12-13).

하박국은 하나님이 어떤 분이신지 그분의 성품을 잘 알았다. 즉, 하나님은 전적으로 의로우시며 그 거룩함이 완전한 분이시다. 그런데도 그는 이렇게 말했다. "하나님, 하나님은 지극히 거룩하신 분이므로 단 한순간도 악을 용납하실 수 없습니다. 심지어 그런 것을 쳐다도 보실 수 없습니다. 그런데 이건 무슨 일입니까? 악한 일에 대해 아무 일도 하지 않고 계십니다. 주님이 침묵을 지키고 움직이지 않으시니 모든 곳에 사악한 행위가 넘쳐납니다." 한마디로 하박국이 던진 질문은 "하나님 어디 계십니까?"라는 것이다. 선지자는 지금 하나님의 부재를 깊이 경험하고 있다.

오늘날 우리는 하박국을 꾸짖으려 할 수 있다. 하나님의 말씀을 알면서도 어찌 그분의 역사를 모르는지, 하나님이 인도하시는 길, 즉 그분의 오래 참으심과 잠시 불의가 만연할지라도 마침내 공의를 회복하신다는 그 약속을 어찌 모르는지 그를 질책할 수도 있다.

그러나 하박국은 이렇게 말한다. "저는 제 망루에 서서 기다리겠습니다. 마치 단식 투쟁을 하는 사람처럼 그곳에 서 있겠습니다. 하나님이시여, 저는 그곳에 머물러 하나님이 제 질문에 답하실 때까지 기다리겠습니다. 이 상황에 대해 합당한 응답을 보이실 때까지 기다리겠습니다. 왜냐하면 거룩하신 하나님이 이러한 악을 용납하시는 것은 옳지 못하기 때문입니다"(합 2:1 참조).

하박국의 이러한 태도는 위험한 행동일 수 있다. 만약 내가 하나님께 "저는 여기에 서서 하나님이 응답해 주실 것을 요구합니다. 더는 하나님이 단 한순간도 악을 용납하지 않으셨으면 좋겠습니다"라고 말한다면 하나님은 내게 이렇게 말씀하실 것이다. "내가 단 한순간도 악을 용납하지 않기를 원한다면, 나는 너를 진멸해야만 할 것이다.

나는 너를 인내하고 있는데, 너는 내가 다른 사람의 악을 용납하는 일에 대해서만 불평을 하고 있구나." 하지만 하나님은 하박국에게 그렇게 말씀하시지 않았다.

대신에 하나님은 이렇게 말씀하셨다. "너는 이 묵시를 기록하여 판에 명백히 새기되 달려가면서도 읽을 수 있게 하라 이 묵시는 정한 때가 있나니 그 종말이 속히 이르겠고 결코 거짓되지 아니하리라 비록 더딜지라도 기다리라 지체되지 않고 반드시 응하리라"(합 2:2-3). 하나님의 말씀은 이런 뜻이다. "**나의** 섭리 가운데 모든 일정을 다 정해 놓았다. 나는 **나의** 때에 **나의** 방식으로 나의 통치를 드러내 보인다. 너는 나의 심판이 언제 일어날지 알지 못한다. 하지만 반드시 일어날 것이다."

하나님은 자기 백성을 벌하시기 위해 갈대아인의 손을 사용하셨다. 어쩌면 갈대아인은 하나님이 자기 편에 서셨다고 생각했을 수 있다. 그러나 하나님은 자기 백성을 심판하기 위해 훨씬 더 악한 나라를 잠시 사용하신 것뿐이다. 때가 되면 갈대아인은 합당한 심판을 받을 것이다.

하나님이 세상을 주권적으로 다스리시면서 한 가지 약속하신 것이 바로 공의이다. 그 점에서 우리는 어려움을 겪는다. 왜냐하면 우리는 이 세상에서 늘 불의를 보고 경험하기 때문이다. 법정에서 정의가 서기를 기대하지만, 법관의 판결에 만족하지 못한다.

  법원에서 어떤 일에 대한 결정이 내려지면, 우리는 상급 법원에 다시 항소할 수 있다. 그런데도 여전히 정의가 승리했다고 만족하지 못한다면, 우리는 대법원까지 가서 그 일을 다툴 수 있다. 하지만 아무리 그렇다 해도 우리는 대법원이라는 이름이 부적절한 명칭이라는 것을 안다. 대법원조차도 불의한 판결을 내릴 수 있기 때문이다.

  우리는 묻는다. "누가 이러한 불의를 바로잡을 것인가? 누가 공의의 저울을 다시 바로 세울 것인가?" 이에 하나님은 말씀하신다. "그것은 내가 할 일이다." 그분이 하늘과 땅의 유일한 재판관으로서 심판을 약속하셨다. 그분이 저울의 균형을 완벽하게 맞추실 것이다. 그러면 우리는 지연된 정의는 정의가 아니라고 불평할지도 모른다. 그러나 설사 지연된다 하더라도 그사이에 어떠한 불의가 일어나든 하나님은 그 모두를 바로잡으실 것이다. 그것이 바로 하나님이 우리에게 하신 약속이자 하박국에게 주신 응답이다. 하나님은 그분이 정하신 때가 있으니 비록 더디게 보일지라도 그날을 기다리면 "반드시 응하리라"(합 2:3)고 말씀하셨다.

성도의 견인은 막연한 교리가 아니다. 근본적으로 모든 앞날을 하나님께 의탁하는 기독교적인 신앙과 소망으로 살아가는 일이다. 왜냐하면 하나님의 백성에게는 약속된 미래가 있기 때문이다. 물론 세상을 살아가며 그날을 기다리는 것만큼 힘든 일도 없다. 그래서 인내가 귀한 덕목이다. 인내는 참으로 성령님이 주시는 열매이고, 그분의 도움이 없다면 우리는 끝없이 조바심을 내다가 죽음을 맞이할 것이다.

하지만 하나님은 친히 하박국에게 오셔서 자신을 나타내셨다. 하박국은 이렇게 말한다. "여호와여 내가 주께 대한 소문을 듣고 놀랐나이다 여호와여 주는 주의 일을 이 수년 내에 부흥하게 하옵소서 이 수년 내에 나타내시옵소서 진노 중에라도 긍휼을 잊지 마옵소서"(합 3:2). 이것은 부흥을 위해 기도하는 성도의 모습이다. 나는 이 시대를 살아가는 우리에게 이보다 더 적절한 말씀이 있을지 모르겠다.

계속해서 하박국은 다음과 같이 말한다. "하나님이 … 오시며 거룩한 자가 바란 산에서부터 오시는도다 (셀라) 그의 영광이 하늘을 덮었고 그의 찬송이 세계에 가득하도다 그의 광명이 햇빛 같고 광선이 그의 손에서 나오니 그의 권능이 그 속에 감추어졌도다 역병이 그 앞에서 행하며 불덩이가 그의 발 밑에서 나오는도다 그가 서신즉 땅이 진동하며 그가 보신즉 여러 나라가 전율하며 영원한 산이 무너지며 무궁한 작은 산이 엎드러지나니 그의 행하심이 예로부터 그러하시도다"(3-6절). 하박국은 하나님이 악한 나라 위에 심판의 손을 펴시는 환상을 보게 된다. "내가 들었으므로 내 창자가 흔들렸고 그 목소리로 말미암아 내 입술이 떨렸도다 … 썩이는 것이 내 뼈에 들어왔으며 내 몸은 내 처소에서 떨리는도다"(16절).

가끔씩 저항할 수 없는 강렬한 두려움이 엄습하면 우리 몸이 자기도 모르게 반응한다. 떨리기 시작하는 것이다. 하박국도 "내 입술이 떨렸도다"라고 했다. 혹시 어린아이가 다치고 나서 울지 않으려고 꾹 참는 모습을 본 적 있는가? 하지만 우리는 그 아이가 곧 눈물을 흘리고 울음을 터뜨릴 것을 안다. 왜냐하면 아이의 아랫입술이 파르르 떨리기 시작했기 때문이다. 떨리기 시작하면 그 일이 곧 일어날 것을 알 수 있다. 이 본문에서 우리는 몸이 사시나무 떨듯 경련을 일으키고 입술이 부들부들 떨리는 한 어른의 모습을 본다. 그는 이러한 현상의 원인을 "썩이는 것이 내 뼈에 들어왔으며"라고 표현한다.

하박국은 이렇게 살아계신 하나님을 만남으로써 자신의 영혼이 되살아나고, 새로운 확신을 얻게 되며, 하나님의 섭리에 대한 믿음이 다시 생명력을 얻는 경험을 했다. 그리고 다음과 같은 수려한 메시지로 자신의 책을 끝맺음한다. 나는 이 구절이야말로 구약 성경 전체에서 가장 아름다운 구절 중 하나가 아닌가 하고 생각한다. "비록 무화과나무가 무성하지 못하며 포도나무에 열매가 없으며 감람나무에 소출이 없으며 밭에 먹을 것이 없으며 우리에 양이 없으며 외양간에 소가 없을지라도"(합 3:17).

하박국은 농경 사회에 살면서 "농작물이 전부 다 망하고, 가축이 전부 다 도살된다 하더라도"라고 말한다. 이는 "주식 시장이 바닥까지 폭락하고, 모든 산업이 불황에 빠지며, 모든 주택 시장이 붕괴하더라도"라는 말과 같다. 하박국은 그가 세상에서 의지하던 모든 것이 붕괴하더라도 "여호와로 말미암아 즐거워하며 나의 구원의 하나님으로 말미암아 기뻐하리로다"(18절)라고 말한다. 이것이 하나님의 섭리를 믿는 사람의 모습이다.

하박국과 같은 삶을 살아보았는가? 살면서 하나님의 뜻을 도무지 알 수 없어 좌절한 적 있는가? 하나님께 분노를 느껴본 적 있는가? 하나님의 면전에 주먹을 흔들며

"하나님, 하나님이 정말로 계시다면, 하나님이 정말로 의로우시다면, 하나님이 진정으로 공의로우시다면, 어떻게 나와 내 지인에게 이런 일이 일어나게 두실 수 있습니까?"라고 토로해 본 적 있는가? 삶의 비극과 세상에 악이 존재한다는 사실은 이해할 수 없는 일이다. 거룩하신 하나님과 전혀 어울리지 않는 일이기에 그렇다.

우리가 불평과 불만을 품는 이유가 바로 그런 것들 때문 아닌가? 하박국은 말한다. "하나님, 거룩하신 하나님 앞에 이러한 불공평은 절대로 일어나서는 안 되는데, 그런데도 하나님은 이 모든 악한 일이 일어나는 것을 보시고도 아무 일도 하지 않으십니다."

하나님은 어떻게 대답하셨는가? 우리가 제아무리 다 아는 것 같아도 하나님은 그 모든 것을 더욱 분명하게 안다고 말씀하신다. 비록 시간이 걸리더라도 그분의 때에 그분의 방법을 따라 죄지은 이에게는 상응하는 형벌을, 무죄한 이에게는 합당한 보상을 내릴 것이라고 약속하신다. 우리는 그저 주님의 뜻을 기다릴 뿐이다. 그것이 하나님의 약속이다. 우리가 스스로 앙갚음하지 않는 이유는 지금 비틀어진 모든 것을 하나님이 반드시 바로잡겠다고 약속하셨기 때문이다.

05

섭리와 악

WHY IS THERE EVIL?

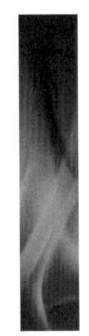

하나님의 섭리는 세상의 크고 작은 모든 일, 곧 만물에 미친다. 나아가 인간적 관점에서 보면 비극적인 참사와 사고라고 정의하는 세상의 온갖 현상들에까지 미친다.

특히 우리는 하나님의 섭리가 어떻게 악의 존재와 관련되는지 고민할 때 마음의 큰 고통을 겪는다. 악의 문제로 인해 하나님의 자비에 그림자가 드리워진다. 그래서 앞서 2장에서 보았듯이 철학자 존 스튜어트 밀은 하나님이 전능하신 동시에 자비로우신 분이라는 말을 믿을 수 없다고 했다. 무한한 능력을 지니는 동시에 무한히 선한 하나님은 있을 수 없다고 말이다. 회의론자는 세상에 고통과 고난이 존재한다는 사실과 선하고 의롭고 자비롭고 전능한 하나님의 섭리라는 개념은 공존할 수 없다고 생각한다.

밀의 논증은 다음과 같은 형식을 취한다. "만약 하나님이 세상에 존재하는 고난과 악을 보시고도 자신의 능력으로 그것을 막지 않으신다면, 그분은 선하고 사랑이 많으신 분이 아니다. 반대로, 만약 그분이 사랑이 넘치고 선하신 분인데도 그것을 막지 않으신다면, 그분은 전능하신 분이 아니다."

해럴드 쿠슈너(Harold Kushner)는 『착한 당신이 운명을 이기는 힘』(*When Bad Things Happen to Good People*)이라는 책에서 이런 딜레마를 다루었다. 쿠슈너는 하나님의 선하심이 하나님의 전능하심을 능가한다고 여겼다. 미국 태생 랍비인 그는 하나님을 인간의 처지를 동정하기만 할 뿐 그에 대해 어떤 일을 행할 능력이 없는 분으로 보았다. 즉, 하나님은 기껏해야 신성한 방관자에 불과하다. 인간의 고통스러운 처지를 더는 일 외에 하실 수 있는 일이 없다.

이것이 바로 악의 문제로, 커다란 철학적 난제이다. 악의 문제는 파괴적인 폭풍이나 홍수, 화재 등과 같은 자연의 불완전성을 다룬다. 또한 나라와 나라 간의 알력 관계를 다루기도 한다. 나아가 고난과 비극에 직면해 "도대체 왜? 어떻게 하나님이 이런 일을 허용하실 수 있지?"라고 묻는 한 개인의 문제이기도 하다.

학자와 신학자는 성경의 특정 본문을 '어려운 말씀'이라는 범주로 분류한다. 예수님의 가르침 중에 가끔씩 우리에게 다소 가혹하게 느껴지는 구절이 여기에 속한다. 그 중에는 마지막 심판과 지옥의 실재에 관한 예수님의 가르침이 있다. 그것은 어려운 말씀이라 우리가 이해하기 쉽지 않다.

누가복음에는 그 어려운 말씀 중 하나가 다음과 같이 나타나 있다. "그 때 마침 두어 사람이 와서 빌라도가 어떤 갈릴리 사람들의 피를 그들의 제물에 섞은 일로 예수께 아뢰니"(눅 13:1).

본디오 빌라도가 총독으로 있던 때에 도저히 용납할 수 없는 일이 발생했다. 로마 군인들이 갈릴리에 있는 유대인 성소에 들어가 예배를 위해 모인 사람들을 학살했다. 제단 위에서 희생 제물이 바쳐지던 그때 예배드리던 이들의 피가 수소와 염소의 피에 섞였다. 이에 사람들이 예수님을 찾아와 이렇게 물었다. "이게 무슨 일인가요, 예수님? 당신은 위대한 랍비입니다. 위대한 선생입니다. 우리에게 이 일을 설명해 주십시오. 경건한 신앙 행위를 하던 사람들이 학살당하다니, 어떻게 하나님이 이런 말도 안 되는 일이 벌어지도록 허락하실 수 있단 말입니까?"

우리는 오늘날에도 똑같은 일이 일어나는 것을 목격한다. 이스라엘과 뉴욕에서, 그리고 피츠버그에서 그러한 일이 일어난 것을 보았다. 우리도 이스라엘 사람처럼 똑같은 질문을 하고 싶을 수 있다. "예수님, 하나님은 어디 계셨나요? 빌라도가 갈릴리 사람의 피를 제물에 섞었을 때 하나님은 도대체 어디 계셨냐는 말입니다!"

그때 예수님은 뭐라고 답하셨는가? 그분이 이렇게 말씀하셨는가? "그런 일이 일어나다니 정말로 유감이다. 내 아버지께서 너희를 보호하시기 위해 굉장히 마음 쓰고 계심을 잘 안다. 그분이 들의 백합화와 공중의 새들도 돌보신다고 말하지 않았더냐? 하지만 이 세상과 온 우주를 관리하는 일은 너무도 복잡해서 이번에 인간 세상에 일어난 사건은 하나님이 깜빡하신 모양이다. 앞으로는 좀 더 주의해 달라고 그분께 요청해 보겠다." 예수님이 그렇게 말씀하시지 않았다는 사실을 잘 알 것이다. 예수님의 대답은 참으로 어려웠다. "너희는 이 갈릴리 사람들이 이같이 해 받으므로 다른 모든 갈릴리 사람보다 죄가 더 있는 줄 아느냐"(눅 13:2).

예수님의 이 질문에서 다음과 같은 중요한 신학적 질문이 도출된다. "우리가 세상을 살면서 경험하는 고통과 고난은 우리의 죄와 일대일로 상응하는가? 만약 어떤 사고로 사람들 한 무리가 죽고 다른 무리는 생존했다면, 우리는 사망한 무리가 생존한 무리보다 더 악한 사람들이었다고 곧바로 결론 내릴 수 있는가?"

앨라배마 기차 사고 이후 내가 받은 질문이 바로 그것이다. "스프로울 씨, 당신은 살아남고 다른 사람들은 사망한 이유가 무엇일까요?" 사람들은 내게 하나님이 나는 기뻐하시고 거기서 살아남지 못한 불쌍한 영혼들은 기뻐하시지 않았다는 대답을 원했을까? 하나님은 절대 우리가 그런 결론에 이르지 않기를 바라실 것이다. 예수님은 이러한 비극적 참사가 일어날 때 그로 인해 고통을 당한 이가 거기서 해를 입지 않은 사람보다 훨씬 더 의로울 수 있다고 분명히 인정하신다. 단지 끔찍한 고난을 당했다는 이유만으로 목숨을 잃은 이가 다른 갈릴리 사람보다 더 나쁜 죄인이었으리라는 추측을 인정하시지 않는다.

어쩌면 우리는 예수님이 사람들의 말을 듣고 "이번 사건은 부당한 일이니 하나님이 마지막 날에 그 일을 바로잡으실 것이다"라고 말씀하시기를 기대했지 모른다. 하지만 예수님의 결론은 그렇지 않았다. 그분은 질문하는 사람들을 보며 이렇게 말씀하셨다. "너희에게 이르노니 아니라 너희도 만일 회개하지 아니하면 다 이와 같이 망하리라"(눅 13:5).

이 점에서 예수님은, 선하신 동시에 인간 세상에 고통과 고난, 사고와 비극을 허락하시는 하나님은 있을 수 없다고 말한 존 스튜어트 밀의 반론에 응답하신 것이다. 밀은, 세상에 고난과 고통이 존재하는 이유는 하나님이 선하시기 때문이며, 그 선하신 하나님과 선하신 재판관은 반드시 악을 심판하신다는 전통적인 기독교의 가르침을 깨달아야 했다.

성경은 우리가 고난을 당하고 결국 죽을 수밖에 없는 원인이 우리의 죄 때문이라고 가르친다. 하지만 그렇다고 세상에서의 고난이 우리의 죄와 정비례한다는 의미는 아니다. 반대로 우리가 전능하신 하나님 앞에 순결하고 결백한 백성인데도 아무 이유 없이 고난을 당한다는 말도 아니다. 우리는 다른 사람과의 수평적인 관계와 하나님과의 수직적인 관계 사이에 어떤 차이점이 있는지 기억해야 한다. 우리가 살아가는 수평적인 차원에서는 때로는 내가 다른 이를, 또 때로는 다른 이가 나를 부당하게 대할 수 있다. 정당한 이유 없이 상처를 입히거나 상처를 입을 수 있다. 우리는 누구나 다른 사람을 비방한 적이 있고,

또 다른 사람으로부터 비방을 받은 적도 있다. 그러나 하나님은 결코 우리를 비방하시지 않는다. 하나님은 절대로 우리를 그릇된 이유로 책망하시지 않으며, 그분의 손으로 우리에게 부당한 고난을 가하시지 않는다.

우리는 이를 어떻게 이해해야 할까? "너희도 만일 회개하지 아니하면 다 이와 같이 망하리라"라고 하신 예수님의 말씀은 어떤 의미인가? 예수님께 나아와 질문했던 그 사람들은 어떤 일에 굉장히 놀란 상태였다는 점을 기억하라. 그들은 고난을 보고 놀랐다. 하나님이 이런 일이 일어나게 하셨다는 사실에 충격을 받았다. 그 충격의 초점은 바로 인간의 고난에 있었다.

예수님은 질문이 잘못되었다고 그들에게, 그리고 또한 우리에게 말씀하신다. 우리가 정말로 놀라야 하는 점은 하나님이 우리를 즉시 멸하시지 않고 단 얼마라도 더 살게 하셨다는 사실이다. 우리가 정말로 충격을 받아야 하는 점은 그분의 공의가 아니라 그분의 긍휼이다. 만일 우리가 회개하지 않으면, 우리도 다 그와 같이 멸망할 것이기 때문이다. 우리가 아직 멸망하지 않고 살아 있는 유일한 이유는 공의가 아닌 긍휼 때문이다. 이것이 바로 예수님이 하신 말씀이다.

이 말씀이 전제하는 바는 간단하다. 하나님은 거룩하고 공의로우신 분이지만 우리는 그렇지 않다. 공의롭고 거룩하신 하나님 앞에 죄인인 우리가 누리는 삶은 오직 긍휼과 은혜의 삶뿐이다.

예수님은 계속해서 이렇게 말씀하신다. "너희에게 이르노니 아니라 너희도 만일 회개하지 아니하면 다 이와 같이 망하리라 또 실로암에서 망대가 무너져 치어 죽은 열여덟 사람이 예루살렘에 거한 다른 모든 사람보다 죄가 더 있는 줄 아느냐"(눅 13:3-4). 사람들이 실로암에 회당을 짓고 있는데 느닷없이 회당이 무너졌고, 불행히도 그 아래에 있던 열여덟 명이 거기에 깔려 숨졌다.

어떤 이는 회당이 무너진 그날 오후에 하나님이 마침 낮잠을 주무셨을 거라고 말할지도 모르겠다. 혹은 그분이 하필 다른 일에 정신이 팔렸을 때 아차 하는 순간 그 망대가 무너졌을 거라고 할 수도 있겠다. 하지만 예수님의 말씀은 그렇지 않았다. 무너진 회당 사건에 대해 예수님이 하신 대답은 빌라도의 군인들이 제사드리던 사람들을 학살한 끔찍한 사건에 대해 하신 대답과 동일했다. 그분은 "너희에게 이르노니 아니라 너희도 만일 회개하지 아니하면 다 이와 같이 망하리라"(5절)고 말씀하셨다.

기독교의 가장 유명한 찬송가 중 하나는 "나 같은 죄인 살리신"(Amazing Grace)이다. 나는 이 노래의 가사에서 "주 은혜 놀라워"라는 부분이 적절한지 잘 모르겠다. 우리는 이와 같은 질문이 생길 때 분명 은혜가 아닌 공의의 문제를 놓고 더 놀라워하기 때문이다. 우리는 막연히 하나님의 인내와 긍휼과 자비를 당연하게 여기며 기대한다. 그러다 곤경이 닥치면 그분의 은혜에 너무도 익숙해 있던 우리는 놀라고 당황하며 "하나님, 어떻게 하나님 같은 분이 제게 이런 일이 일어나도록 허락하실 수 있나요?"라고 말한다.

이 점에서 예수님의 말씀은 우리를 놀라게 한다. 그분은 온화하고 사려 깊으며, 양들을 돌보는 목자와 같은 분이시다. 고통과 고난 중에 있는 사람을 비열하게, 심술궂게 대하시지 않는다. 우리는 그분이 얼마나 온화하신 분인지 잘 안다.

하지만 이번 일에 있어서 그분은 우리가 하나님께 긍휼을 맡겨 놓은 적이 없다는 사실과 우리에게 고난이 닥치는 이유는 하나님이 의롭지 않으셔서가 아니라는 사실을 되새기게 하신다. 하나님이 이런 일을 일어나게 하시는 데는 분명한 이유가 있다. 비록 우리는 하나님이 이런 일을 일어나게 하시는 이유를 다 알 수 없지만, 우리가 분명히 아는 사실은 하나님이 거룩하시지 않다거나 의로우시지 않아서, 혹은 공의로우시지 않아서 회당이 무너지도록 허락하신 것은 아니라는 점이다.

하나님 앞에 무릎을 꿇고 엎드릴 때면 나는 내가 지나치는 거리의 모든 건물이 내 머리 위로 무너져도 할 말이 없는 존재임을 깨닫게 된다. 따라서 내 위로 건물이 무너져 내가 산산이 부서진다 하더라도, 나는 그저 세상을 사는 동안 내게 부으신 한량없는 은혜와 긍휼에 대해 하나님께 감사를 드릴 뿐이다.

우리는 하나님의 은혜를 충분히 놀라워하지 않는다. 그리스도인인 우리는 은혜에 대해 막연하게 생각하며 어쨌든 하나님이 우리에게 은혜를 베푸셔야 한다고 생각할 뿐, 은혜가 무엇인지 잊고 있다. 은혜란 그 개념상 자발적이고 자유로운 것이지 의무가 아니다. 혹시 하나님이 우리를 대하실 때 의무적으로 취하셔야 할 태도가 있다면, 그것은 은혜가 아니라 공의일 것이다.

공의와 은혜의 이 차이를 명확하게 인지해야만 은혜가 얼마나 은혜로운지 이해할 수 있다. 우리와 하나님 사이의 관계에서 가장 핵심이 되는 것이 바로 은혜이기 때문이다. 우리는 은혜로 말미암아 산다. 은혜로 말미암아 우리는 영생을 얻는다. 은혜로 말미암아 우리는 죄 사함을 받는다. 오직 은혜로만 가능한 일이다.

06

욥의 사례

WHY IS THERE EVIL?

　고통과 고난의 문제를 살펴보며 우리는 하박국 선지자, 신약 시대 성도와 함께 다음과 같은 질문을 제기했다. "이 모든 일 가운데 하나님은 어디에 계시는가? 어떻게 하나님이 고난이 일어나도록 허락하실 수 있는가?"

　이러한 질문에 대해 성경 곳곳에서 어느 정도까지 그 답을 찾을 수 있는데, 고통과 고난의 문제에 대한 가장 유명하고 포괄적인 성경적 답변은 구약의 욥기이다.

　욥기의 도입부는 마치 연극의 제1막과 같이 시작한다. 첫 번째 장면의 배경은 하늘인데, 비난을 일삼는 사탄이 하나님의 보좌 앞으로 나아온다. 땅을 두루 돌아 여기저기 다녀온 사탄은 하나님 앞에 나아와 다음과 같이 그분을 우롱하는 말을 내뱉는다. "저 아래 창조 세계를 좀 보십시오. 엉망입니다. 하나님이 자신의 거룩한 형상으로 지으셨다고 하는 저 피조물을 좀 보십시오. 저들은 제가 어디를 가든 제 뒤를 졸졸 따라다닙니다. 제가 만든 법에 충성을 다해 헌신합니다. 이제는 그저 제 독 안에 든 쥐라고 할 수 있죠."

하나님은 사탄과 논쟁하시지 않는다. 대신에 이렇게 말씀하신다. "네가 내 종 욥을 주의하여 보았느냐 그는 성실하고 진실하며 내게 순종하는 사람이다"(욥 1:8 참조).

그러나 사탄의 대답에는 비아냥이 가득하다. "욥이 어찌 까닭 없이 하나님을 경외하겠습니까? 하나님, 그건 당연한 일 아닙니까? 욥이야 당연히 하나님을 따르고 하나님께 순종하죠. 하나님의 명령을 잘 들을 수밖에 없죠. 어떻게 안 그럴 수 있겠습니까? 하나님이 저 사람을 세상에서 가장 부자로 만드셨고, 그가 바라는 모든 것을 하나도 빠짐없이 주시지 않았습니까? 그래서 이 땅에 살아가는 그 누구보다 가장 번성한 삶을 살고 있지 않습니까? 어디 그뿐입니까? 하나님이 저 사람 주변에 든든한 울타리를 치시지 않았습니까? 하나님의 섭리로 엄청나게 보호해 주시고 넘치도록 복을 내리셨는데, 어떻게 저 사람이 제 말을 들을 생각조차 할 수 있겠습니까? 하지만 저에게 한

번 맡겨 보십시오. 그 울타리를 거두시던지, 아니면 그 안으로 들어갈 문이라도 한번 만들어 주십시오. 제가 저 사람을 시험할 수 있게 해 주십시오. 제가 저 사람을 미혹하게 해 주시면, 하나님의 충성된 저 종이 얼마 안 가서 저를 따르며 하나님을 저주하는 모습을 보게 되실 것입니다"(9-11절 참조)

그것은 도전이었다. 그러나 하나님은 그 도전에 응하셨다. 사탄이 고통과 슬픔, 궁핍과 질병 등 인간이 상상할 수 있는 모든 방법을 동원해 욥을 괴롭히도록 허락하신 것이다. 하지만 오직 욥의 목숨만은 빼앗지 못하도록 제한하셨다. 이제 욥에게 어떤 일이 일어났는지 보자.

"여호와께서 사탄에게 이르시되 내가 그의 소유물을 다 네 손에 맡기노라 다만 그의 몸에는 네 손을 대지 말지니라 사탄이 곧 여호와 앞에서 물러가니라 하루는 욥의 자녀들이 그 맏아들의 집에서 음식을 먹으며 포도주를 마실 때에 사환이 욥에게 와서 아뢰되 소는 밭을 갈고 나귀는 그 곁에서 풀을 먹는데 스바 사람이 갑자기 이르러 그것들을 빼앗고 칼로 종들을 죽였나이다 나만 홀로 피하였으므로 주인께 아뢰러 왔나이다 그가 아직 말하는 동안에 또 한 사람이 와서 아뢰되 하나님의 불이 하늘에서 떨어져서 양과 종들을 살라 버렸나이다 나만 홀로 피하였으므로 주인께 아뢰러 왔나이다 그가 아직 말하는 동안에 또 한 사람이 와서 아뢰되 갈대아 사람이 세 무리를 지어 갑자기 낙타에게 달려들어 그것을 빼앗으며 칼로 종들을 죽였나이다 나만 홀로 피하였으므로 주인께 아뢰러 왔나이다 그가 아직 말하는 동안에 또 한 사람이 와서 아뢰되 주인의 자녀들이 그들의 맏형의 집에서 음식을 먹으며 포도주를 마시는데 거친 들에서 큰 바람이 와서 집 네 모퉁이를 치매 그 청년들 위에 무너지므로 그들이 죽었나이다 나만 홀로 피하였으므로 주인께 아뢰러 왔나이다 한지라 욥이 일어나 겉옷을 찢고 머리털을 밀고 땅에 엎드려 예배하며"(욥 1:12–20).

이는 성경 말씀 중 가장 놀라운 구절 중 하나이다. 스바 사람이 욥의 가축을 빼앗아 갔고, 갈대아 사람이 그의 낙타를 훔쳐 가며 그의 종들을 죽였다. 그가 누리던 귀중한 소유를 전부 다 잃고 말았다. 이에 욥은 슬픔에 빠졌다. 옷을 찢으며 땅에 뒹굴었다. 그러나 땅에 엎드려 그는 이렇게 말했다. "내가 모태에서 알몸으로 나왔사온즉 또한 알몸이 그리로 돌아가올지라 주신 이도 여호와시요 거두신 이도 여호와시오니 여호와의 이름이 찬송을 받으실지니이다"(21절).

이제 그에게 남은 것은 자신의 아내와 하나님뿐이었다. 그의 아내도 자식들을 잃었다. 그의 아내도 재산과 가축, 집과 소유물, 그리고 명예를 잃었다. 우스 땅에서 가장 존귀했던 여인이 이제는 남편과 함께 거름 더미 옆에 주저앉게 되었고, 그 성의 모든 거민이 그들을 조롱하게 되었다. 이 여인은 남편 곁을 지킬 것인가? 이 여인은 하나님이 지으신 대로 남편의 돕는 배필로 남아 있을 것인가? 이 여인은 과연 자신의 남편이 질병으로 고통당하고 그의 살이 떨어져 나갈 때 남편을 위로해 줄 것인가?

아니다. 여인은 욥에게 와서 이렇게 말했다. "하나님을 욕하고 죽으라"(욥 2:9). 어떤 이는 이 말을 남편의 고통이 끝나길 바라는 여성의 사랑과 애정, 그리고 걱정이 담긴 표현이라고 본다. 그러나 참으로 자상하고 온화하며 현숙한 아내라면 어찌 남편의 고통이 끝나길 바라면서 오히려 그를 사탄에게 넘겨주어 하나님을 욕하라고 말할 수 있단 말인가? "하나님을 욕하고 죽으라." 하지만 욥은 이렇게 답한다. "그가 나를 죽이실지라도 나는 그분께 소망을 두리라"(욥 13:15, ESV 직역).

이 연극의 등장인물은 누구인가? 욥, 갈대아 사람, 스바 사람, 사탄, 그리고 하나님이다. 이 중에 누구의 뜻이 실현되고 있는가? 우리는 마지막 날 하나님의 심판대 앞에 선 갈대아 사람과 스바 사람이 뭐라고 변명을 둘러댈지 상상할 수 있다. 하나님이 말씀하신다. "나는 너희 갈대아 사람을 기억하고 있다. 너희 스바 사람도 기억한다. 바로 너희가 욥의 가축을 죽이고, 그의 낙타를 빼앗고, 그의 재산을 훔쳐 갔으며, 그의 종들을 죽였다. 이제 내가 너희에게 벌을 내리노라." 하지만 그들은 이렇게 변명한다. "하나님이시여, 그렇게 하실 수는 없습니다. 마귀가 우리를 그렇게 하도록 했습니다. 우리는 그저 사탄의 손에 들려 사용된 도구에 불과합니다."

이 연극에서 갈대아 사람과 스바 사람에게는 자유가 없었는가? 그들은 사탄의 억압을 받았는가? 그들이 욥의 가축을 훔친 것은 자유로운 도덕적 행위자로서 행동한 것이 아닌가? 사탄은 무고하고 순수하며 정직하고 의로운 몇몇 스바 사람과 갈대아 사람을 발견해 그들의 마음속에 악을 창조함으로써 그들을 자기 뜻대로 움직이는 꼭두

각시로 만든 것이 아니다. 스바 사람과 갈대아 사람은 처음부터 그저 가축 도둑이었다. 오랜 세월 욥의 가축을 탐내고 욕심냈으나 단지 울타리를 뚫을 기회를 잡지 못했을 뿐이다. 그러다 사탄이 "가서 욥을 끝장내 버리자"라고 하자 더는 참지 못하고 그 기회를 덥석 물었다.

결국, 갈대아 사람의 의도와 선택은 악한 일이었다. 그리고 사탄의 동기 역시 전적으로 사악했다. 그런데 우리는 이 연극에서 또 다른 인물의 성품에 의문을 품게 된다. 바로 하나님이시다. 하나님은 마지막 날에 "나는 욥에게 손대지 않았다. 그것은 사탄이 한 일이다. 스바 사람 혹은 갈대아 사람이 한 일이다. 그러니 나는 잘못한 것이 하나도 없다"라고 말씀하실 수 있을까?

그렇지 않다. 사탄이 그러한 일을 하도록 하나님이 정하셨다. 스바 사람과 갈대아 사람의 범죄 행위는 하나님의 통제와 섭리, 그리고 주권적 권세 아래 있었다. 즉, 하나님이 그 모든 일이 일어나도록 허락하셨다. 어쩌면 하나님은 이렇게 말씀하실지도 모른다. "그렇다. 나의 영광을 드러내기 위해, 악인의 입을 막기 위해, 그리고 사탄이 모함했던 그 사람의 신실함을 증명하기 위해 바로 내가 그 일을 했다."

하나님이 이 비참한 고통과 고난에 관여하신 것은 전적으로 의로운 일이었다. 하지만 욥에게 스스로 확신할 수 없는 순간이 찾아왔다. 욥은 날마다 자신을 찾아와 떠들썩하게 지껄이는 '위로자'의 말을 들을 수밖에 없었다. "이보게, 욥. 이 일은 자네 잘못이라네. 자네가 저지른 죄에 합당한 고난을 당하고 있을 뿐이네. 회개하지 않은 채 감추고 있는 죄가 있는 게 아닌가? 그렇지 않다면 하나님이 자네에게 이런 일을 일어나게 하실 리가 없네. 자네가 이렇게 큰 고통을 겪는 이유는 자네가 굉장히 중한 죄를 저질렀다는 명백한 증거이지 않겠는가? 여보게, 회개해야 하네."

욥은 자신의 양심을 들여다보았다. 그리고 이렇게 대답했다. "뭘 회개하란 말인가? 나 스스로 어떤 일을 행했는지조차 모를 정도로 내가 그렇게 악하다는 말인가?" 그러고 나서 욥은 하나님의 면전에 주먹을 불끈 쥐어 보이며 그 이유를 물었다. 그러나 하나님은 대답하지 않으셨다. 욥의 답답함은 더해만 갔고 그는 다시금 물었다. 마침내 하나님이 욥에게 대답하셨다. "그 때에 여호와께서 폭풍우 가운데에서 욥에게 말씀하여 이르시되 무지한 말로 생각을 어둡게 하는 자가 누구냐"(욥 38:1-2).

이 꾸지람 속에 담긴 강력한 힘을 느낄 수 있는가? 하나님은 다음과 같이 말씀하신 것이다. "무지한 말로 생각을 어둡게 하는 자가 누구냐? 조심하거라, 욥! 너는 지금 내 계획 속에 담긴 나의 완전한 지혜를 혼탁하게 하고 있다. 네가 하는 말은 나의 전지(全知)함을 알지 못하는 철저한 무지에서 나온 것이다. 너는 네가 지금 무슨 말을 하는지조차 모른다. 그러면서도 지금 나를 시험하고자 하느냐? 너의 신학적 질문에 내가 답하기를 원하느냐? 나를 심문하려는 것이냐? 나는 네 질문에 답할 것이다. 그러나 그전에 네가 먼저 나의 질문에 답을 해 보거라. 대장부답게 잘 준비하여 내가 너에게 하는 질문에 답해 보아라. 자, 첫 번째 질문이다. 내가 땅의 기초를 놓을 때에 네가 어디에 있었느냐?"

하나님은 욥에게 대답할 기회를 주시지 않았다. 하지만 우리는 욥이 마음속으로 어떻게 대답했을지 잘 안다. "주님, 저는 그 어디에도 없었습니다. 하나님이 땅의 기초를 놓으실 때 저는 존재하지도 않았습니다. 하나님은 영원부터 영원까지 계시나, 저는 그렇지 않습니다. 하나님은 영원하시며 무한하신 분이지만, 저는 잠깐 있다 사라지는 유한한 존재일 뿐입니다."

"대답해 보거라, 욥. 누가 그 땅의 도량형을 정했느냐? 새벽 별들이 기뻐 노래하며 하나님의 아들들이 다 기뻐 소리 지를 때 그 모퉁잇돌을 누가 놓았느냐? 바다를 문으로 가둔 자가 누구냐? 누가 구름과 그 구름의 옷을 만들었느냐? 누가 하늘 위에 그들의 한계를 정했느냐? 네가 너의 날에 아침에게 명령했느냐, 새벽에게 그 자리를 일러 주었느냐?"(욥 38장 참조)

하나님은 욥을 심문하신다. "네가 삼성의 띠를 풀 수 있느냐? 네가 얇은 낚싯줄 하나로 리워야단을 끌어낼 수 있느냐?" 이런 식으로 두 장이 넘어가는 동안 하나님은 욥의 질문에 아무런 대답도 하시지 않는다.

하나님이 욥의 질문에 대답하신 방식은 하늘에 따로 예비하신 어떤 정답을 알려 주시는 것이 아니었다. 하나님은 그분이 어떤 분이신지 보여 주심으로써 대답하셨다. 그리고 많은 경우에 그분이 우리의 질문에 대답하시는 방식도 그렇다. 이는 하나님이 욥에게 신성한 힘을 뽐내시려는 것이 아니다. 단지 하나님의 성품을 집중적으로 가르치실 뿐이다. "욥아, 내가 누구인지 보고, 나를 신뢰해라."

하나님의 이 환상적인 계시를 본 욥은 "손으로 내 입을 가릴 뿐이로소이다"(욥 40:4)라고 했다. 이는 "더 이상 아무

말도 하지 않겠습니다. 저 자신을 혐오하며, 먼지와 재 가운데 회개합니다"라는 뜻이다. 욥은 자신의 비참한 상황 속에서 분별력을 잃고 하나님의 성실하심을 공격했다는 사실을 깨닫게 되었다. 이에 하나님은 다음과 같이 말씀하신다. "그만하면 됐다, 욥아. 이제 집으로 돌아가거라. 앞으로는 네가 잃었던 낙타와 소와 농작물과 자녀들과 건강이 두 배로 주어질 것이다. 그뿐 아니라 내가 네 주변에 영원히 허물어지지 않는 울타리를 두를 것이다."

우리는 욥에 관한 이 놀라운 이야기를 통해 많은 교훈을 얻을 수 있다. 예컨대, 고난 중에 인내라는 교훈이 그 하나일 것이다. 하지만 나는 이번 장에서 우리가 간단히 살펴본 내용을 통해 다음 한 가지를 기억했으면 한다. 우리가 고통을 당해 영혼이 신음하며(때로는 그분의 면전에 주먹을 쥐고 부르르 떨며) 하나님 앞에 나아갈 때, 과연 우리는 누구이고 그분은 어떤 분이신지 기억해야 한다는 사실이다.

그것이 바로 하나님의 섭리에 관해 욥이 배워야 했던 교훈이다. 그에게 일어난 일은 무자비한 힘이나 비인격적 우연의 결과물이 아니다. 그는 지금 우리 삶의 모든 일을 주권적으로 다스리시는 거룩하신 하나님 앞에 있다.

07

고난과 죄

WHY IS THERE EVIL?

우리는 살면서 겪는 고통과 고난 때문에 다음과 같은 의문을 종종 품게 된다. "어떻게 하나님이 이런 일들이 일어나도록 하신단 말인가?"

앞서 우리는 이러한 질문을 다루는 몇 가지 중요한 성경 본문을 살펴보았다. 하박국의 역경을 생각해 보았고, 누가복음에서 실로암 회당이 무너져 열여덟 명이 그 아래 깔려 목숨을 잃은 이야기도 보았다. 그리고 인간의 고난과 고통에 관한 질문을 가장 광범위하게 들여다보는 욥기도 살펴보았다.

우리가 왜 고난을 당해야 하는지 하나님께 물을 때, 또 한 가지 생각해야 하는 측면은 그 고난과 우리 죄 사이의 관계이다.

임종 직전에 있는 분이 나를 청해 그 자리에서 자신의 죄를 고백했던 일이 여러 번 있었다. 마지막 순간을 기다리는 사람은 그것이 자신이 겪는 고난과 곧 닥쳐올 죽음의 이유라고 믿으며 깊고 어두운 죄를 고백한다.

한번은 기독교 학교에 자녀를 보내는 한 부모가 학교 사무실에 찾아와 이렇게 말했다. "저는 우리 아이에게 하나님이 사람을 벌하신다는 내용을 가르치지 않았으면 좋겠습니다." 학교의 교장은 내게 조언을 구했고, 나는 다음과 같이 답했다. "그렇다면 속죄에 대해 가르치지 말아야 할 겁니다. 십자가에 대해서도 가르치지 말아야 할 것이고, 마지막 심판에 대해서도 가르치지 말아야 합니다. 사실, 기독교에 관해 아무것도 가르치지 말아야 할 겁니다. 왜냐하면 하나님의 의로우심, 하나님의 공의, 하나님의 거룩, 그리고 하나님의 심판을 다 생략해야 할 테니 말이죠." 하나님이 사람을 벌하시는 것은 사실이다. 우리의 바람은 그분이 우리에게 그 벌을 면제해 주시는 것이지만, 만약 우리를 벌하신다 해도 우리는 그것이 정당하고 거룩하고 의로운 일이라는 사실을 잘 안다.

성경은 마지막 심판 때 죄인의 응답이 모두 똑같을 것이라고 일관되게 말한다. 바로 절대적 침묵이다. 유죄 판정을 받은 이는 그 입이 굳게 닫혀 유구무언일 수밖에 없다. 하나님을 향한 그들의 적개심이 갑자기 누그러져서가 아니라, 마지막 법정에서 하나님의 판결에 대해 논쟁을 벌이는 것은 아무런 소용이 없기 때문이다. 이 논쟁이 소용없는 이유는 우리가 하나님의 권능을 이길 수 없어서가 아니라, 명백한 증거가 차고 넘치며 하나님의 거룩하심과 우리의 죄악 사이의 차이가 너무도 뚜렷하게 대비되어 아무도 그 앞에서 입을 벌릴 수 없게 되기 때문이다.

요한복음에는 이 문제를 굉장히 중요하게 다루는 한 사건이 다음과 같이 기록되어 있다. "예수께서 길을 가실 때에 날 때부터 맹인 된 사람을 보신지라 제자들이 물어 이르되 랍비여 이 사람이 맹인으로 난 것이 누구의 죄로 인함이니이까 자기니이까 그의 부모니이까"(요 9:1-2).

우리는 여기서 제자들이 예수님께 들고나온 이 질문에 대해 장황하게 논평할 수 있다. 성경의 기록을 보면 예수님이 길을 걷고 계셨고, 그때 날 때부터 눈멀었으며 모든 사람이 이를 아는 한 사람을 보셨다. 우리는 제자들이 예수님께 다음과 같은 질문을 하지 않았을까 생각할 수 있다. "주님, 저기 눈먼 사람이 있습니다. 저 사람에게 손을 대실 건가요? 저 사람을 고쳐 주실 건가요? 저 사람의 시력을 다시 회복해 주실 건가요?" 하지만 제자들은 비참한 처지에 놓인 그 사람을 보고 이 일에서 어떤 신학적 교훈을 얻으려 했다. 그래서 이렇게 물었다. "예수님, 이 사람은 나면서부터 앞이 보이지 않았습니다. 이는 누구의 죄 때문입니까? 자신의 죄 때문인가요, 아니면 자기 부모의 죄 때문인가요?"

논리학을 공부하는 사람은 '복합 질문의 오류'가 무엇인지 알 것이다. 양자택일의 질문을 제시하지만, 사실은 그 외에도 다른 방식으로 설명할 길이 있는 경우를 말한다. 여기서 제자들은 그저 두 가지 선택지만을 가정하고 있다. 이 사람이 앞을 못 보도록 태어난 이유는, 그가 태어나기 전에 스스로 죄를 지었기 때문이거나, 아니면 부모가 지은 죄의 결과가 그들의 아이에게 전해졌기 때문이라고 말이다.

이러한 질문에서부터 수많은 신학적 오류와 잘못된 가정이 생겨나지만, 그 질문에는 적어도 한 가지 참되고 타당한 가정이 담겨 있다. 제자들은 이 사람이 앞을 못 보는 원인을 자신의 죄나 부모의 죄, 단 두 가지의 가능성으로 축소했다. 즉, 그의 병약한 상태가 누군가의 죄 때문에 일어난 일일 수 있다고 가정한 것이다.

이것은 타당한 가정이다. 성경은 죄로 인해 세상에 사망과 고난이 들어왔다는 사실을 거듭해서 가르친다. 그렇다면 만약 타락이 일어나지 않았더라면, 만약 처음에 죄를 짓지 않았더라면, 이 세상에는 그 어떤 고통이나 고난, 사망도 없으리라고 가정하는 것이 타당하다. 에덴동산에는 눈먼 사람이 없었다. 아담이 동산을 거닐 때 그는 자기 머리 위로 회당이 무너져 깔려 죽으면 어떡하나 걱정할 필요가 없었다. 하나님께 드리는 제물의 피에 자신의 피가 섞이면 어떡하나 걱정할 필요도 없었다.

천국에서도 앞을 못 보는 일이 없을 것이다. 천국에는 사고나 눈물, 사망과 고난이 없을 것이다. 왜 그런가? 왜냐하면 거기에는 죄가 없기 때문이다. 에덴에 고통이 없었던 이유도 바로 거기에는 죄가 없었기 때문이다.

또 한 가지 성경의 가르침은, 우리는 태어나기 전부터 죄악 된 상황에 놓여 있기에 우리가 실제로 어떤 행동을 하기 전에도 그 죄에 상응하는 심판을 받게 되는데, 이는 바로 우리와 아담 사이의 관계 때문이라는 사실이다. 예수님의 제자들은 이 사람이 앞을 보지 못하게 된 것은 언제 어딘가에서 어떤 방식으로든 죄가 관여했기 때문이라는 합당한 가정을 세웠다. 하지만 그의 고난이 자신의 죄에 대한 직접적이고, 즉각적이며, 또 비례적인 결과라고 가정함으로써 커다란 오류를 범하고 말았다.

제자들이 세운 또 하나의 잘못된 가정은 부모가 무언가 악한 일을 했기 때문에 그 자녀가 벌을 받았다는 것이다. 성경은 죄의 결과가 다음 세대로 대물림해 내려간다고 가르친다. 하나님이 그 백성의 악을 삼사 대까지 보응하신다고 말씀하셨기 때문이다(출 34:7).

그런데 에스겔서에서는 어떤 사람이 지은 죄에 대해 그 자녀가 직접적으로 벌을 받지 않는다고 명확히 한다. 무고한 사람이 타인의 죄 때문에 고난을 당한 일은 오직 십자가 사건뿐이다. 그리고 이는 자발적인 일이었다. 예수님은 스스로 기꺼이 자기 백성의 죄를 지고 그에 상응하는 고통을 당하셨다. 따라서 에스겔 시대 사람들이 "하나님이시여, 그것은 공평하지 못합니다. 아버지가 신 포도를 먹었는데 그 자녀의 이가 시다니요"(겔 18:2 참조)라고 부르짖은 것은 합당하지 않은 주장이다.

제자들이 범한 오류는 그 눈먼 사람이 저지른 죄와 그가 겪는 고난 사이에, 혹은 다른 누군가가 저지른 죄와 그가 겪는 고난 사이에 직접적인 비례 관계가 있다고 가정한 것이다.

예수님은 벌을 받는 것 외에도 우리가 고난을 겪는 이유가 있다고 말씀하셨다. 구속의 길은 **비아 돌로로사**(*Via Dolorosa*), 곧 슬픔의 길 위에 놓여 있다. 예수님은 애통의 깊이를 속속들이 아시는 슬픔의 사람이다. 우리는 고통을 통해 인격이 다듬어지고 성화되어 하나님께 더 가까이 나아간다. 예수님이 이루시는 구속의 목적은 우리의 고난이 결코 헛되지 않게 하시는 것이다. 그분의 백성이 당하는 고난은 언제나 구속을 향해 나아간다. 하지만 받아들이기 쉽지 않은 메시지이다. 우리의 몸과 마음이 아플 때는 하나님의 지혜를 의심하기 쉽기 때문이다. 그 순간에는 구속의 목적이 보이지 않는다.

그러나 사도들은 우리가 고통을 당할 때 이를 이상하게 생각하지 말라고 가르친다. 그러한 고통을 통해 하나님이 우리 안에 구속을 이루어 가시기 때문이다(벧전 4:12). 우리가 잠시 큰 시련을 감내해야 하는 것은 어쩔 수 없는 사실이다. 그러나 바울은 우리가 이 세상에서 당하는 고난은 하나님이 우리를 위해 하늘에 쌓아 두신 그 영광과 비교할 수 없다고 말한다(롬 8:18).

하지만 우리의 시선이 고통에만 맞춰져 있으면, 우리는 현재의 모습만 볼 수밖에 없다. 그 눈먼 사람은 현세의 삶에서는 당장 볼 수 있는 것이 전혀 없었다. 그는 깊고 어두운 흑암 속에 있었다. 추측건대, 그는 예수님과 그분의 제자들 사이에 이러한 토론이 오갔다는 사실조차 몰랐을 수 있다. 예수님과 제자들이 보이지 않았기 때문이다. 어쩌면 그의 청각은 대단히 발달해 있어서 사람들의 발걸음 소리가 다가오는 것을 듣고 누가 오는지 알려고 안간힘을 썼을 수 있다.

예수님은 이렇게 말씀하셨다. "이 사람이나 그 부모의 죄로 인한 것이 아니라 그에게서 하나님이 하시는 일을 나타내고자 하심이라 때가 아직 낮이매 나를 보내신 이의 일을 우리가 하여야 하리라 밤이 오리니 그 때는 아무도 일할 수 없느니라 내가 세상에 있는 동안에는 세상의 빛이로라"(요 9:3-5).

예수님은 이러한 신학적 질문에 답하신 후에 땅에 침을 뱉어 진흙을 이겨 그의 눈에 바르고 실로암 못에 가서 씻으라고 하셨다. 그 눈먼 사람은 말씀 대로 가서 씻고 밝은 눈으로 돌아왔다(6-7절 참조).

나는 그가 자신의 눈앞에 펼쳐진 사람과 사물의 전경을 바라보며 이전에 익숙했던 어둠을 잊는 데까지 어느 정도 시간이 걸렸을지 궁금하다. 그는 잠시 고통을 견뎌야 했지만, 이제는 영원토록 아무런 방해 없이 감미로운 하나님의 영광을 보게 되었다.

최후 심판의 날에 우리가 하나님 앞에 서고 마침내 생명책이 열리면, 하늘에는 정적이 흐를 것이다. 우리는 그 어떤 변명의 말도 일절 내뱉지 못할 것이다. 하나님의 역사는 단지 놀라울 뿐 아니라 전적으로 공의롭고, 그분의 섭리에는 어떤 불의도 없다는 사실을 분명히 보게 될 것이기 때문이다.

그리스도인조차 이를 신뢰하기가 굉장히 어려울 때가 있다. 특히 고통과 고난, 그리고 질병과 죽음을 목격할 때 더욱 그렇다. 그럴 때는 침묵할 필요가 있다. 물론 우리는 성경에서 그분의 길을 찾기 위해 노력하지만, 정답을 찾지 못할 때도 있다. 때로는 하나님의 주권 앞에 거룩한 침묵이 필요한 때와 장소도 있는 것이다.

08

합력하여
선을 이루다

WHY IS THERE EVIL?

　나는 학생들에게 함정이 있는 질문을 하곤 하는데, 그 중에 내가 가장 좋아하는 질문은 "구약 성경에서 가장 위대한 선지자는 누구인가?"이다. 신학교 학생들은 대개 이사야나 예레미야, 혹은 에스겔이나 다니엘, 기타 자기가 가장 좋아하는 구약 선지자의 이름을 댄다. 그러면 나는 이렇게 대답한다. "아닐세. 구약의 가장 위대한 선지자는 바로 세례 요한이라네." 예수님이 말씀하시기를 율법과 선지자는 요한의 때까지, 즉 요한을 포함한 그 시대까지만 효력이 있다고 하셨다.

　내가 즐겨 내는 함정 질문 또 하나는 "신약 성경에서 예수님이 가장 자주 말씀하신 금지 부정문은 무엇인가?"이다. 정답은 "두려워 말라"이다. 이 말씀은 예수님이 너무도 자주 언급하셔서 성경을 읽거나 들을 때 우리는 그것이 금지 부정문이라고는 생각조차 하지 못한다. 이 표현은 거의 인사말 같은 느낌인데, 예수님은 사람들 앞에 나타나실 때 "안녕"이나 "샬롬" 대신 이렇게 말씀하셨다. "무서워 말라. 두려워하지 말라."

그렇게 하신 한 가지 이유는 예수님이 친히 하나님의 위엄을 드러내시면 사람들이 그분에게서 나타나는 경이롭고 거룩하며 초월적인 능력에 겁을 먹었기 때문이다. 예수님은 그러한 두려움을 덜고자 하셨다. 즉, 사람들의 마음을 차분히 가라앉히기 위해 그렇게 말씀하셨다. 하지만 내 생각에 예수님은 또한 우리에 관한 가장 기본적인 사실 한 가지를 이해하셨던 것 같다. 바로 우리가 쉽게 두려움에 빠진다는 사실이다. 우리는 살면서 자주 공포를 느낀다.

우리의 삶에서 가장 공포스러운 사실 하나는 미래를 알 수 없다는 점이다. 내일 어떤 일이 일어날지 우리는 모른다. 다음 순간 우리에게 어떤 비극적인 일이 일어날지, 고통스러운 질병이나 심지어 치명적인 병에 걸리게 될지 우리는 알 수 없다. 바로 이런 것 때문에 우리는 공포를 느낀다.

만약 예수님이 오늘 친히 우리에게 오셔서 "무서워 말라. 지금 이 순간부터 다시는 너에게 나쁜 일이 일어나지 않을 것이다"라고 말씀하신다면 어떻겠는가? 그러면 두려움은 어떻게 되겠는가? 발걸음이 조금은 더 가벼워지지 않겠는가?

이번 장에서 내가 생각해 보려는 내용은 예수님이 이미 우리에게 깊고 실제적인 의미에서 그와 같은 약속을 하셨다는 사실이다. 간접적인 약속이기에 우리는 그 약속의 의미를 늘 온전히 이해하지는 못한다. 하지만 그 내용은 너무도 익숙해서 사람들에게 신약 성경에서 가장 좋아하는 구절이 무엇인지 조사할 때마다 그리스도께서 하신 이 약속의 말씀이 언제나 순위에 오르는 것을 볼 수 있다. "우리가 알거니와 하나님을 사랑하는 자 곧 그의 뜻대로 부르심을 입은 자들에게는 모든 것이 합력하여 선을 이루느니라"(롬 8:28).

사실 이 구절은 하나님의 백성에게 오직 좋은 일만 일어난다는 말이 아니다. 하나님이 우리에게 나쁜 일은 절대로 일어나게 하시지 않는다는 말도 아니다. 이 구절에는 그런 말씀이 담겨 있지 않다. 나는 지금 이 구절에서 추론하는 내용을 자세히 들여다보려 한다. 이 구절이 말하는 바는 단순하다. 하나님이 모든 것, 즉 우리가 마주치고 만나는 모든 일, 우리에게 일어나고 닥치는 모든 일이 합력하여 선을 이루도록 역사하신다는 뜻이다.

다시 한번 말하지만, 그것은 우리에게 일어나는 모든 일이 그 자체로 좋은 일이라는 의미가 아니다. 단지 하나님이 그분의 섭리 가운데 우리에게 일어나는 모든 일로 우리에게 선이 되게 역사하신다는 뜻이다. 자, 이제 우리는 골똘히 한번 생각해 보아야 한다. 만약 우리에게 일어나는 모든 일이 궁극적으로 우리의 선이 되도록 하나님이 역사하신다면, 궁극적으로 우리에게 일어나는 모든 일이 다 선하다는 뜻 아닌가? 만약 하나님이 우리의 선을 위해 그 일 안에서, 그리고 그 일을 통해 역사하신다면, 우리는 그 일이 **궁극적으로** 선하다고 말해야 할 것이다.

그러나 여기서 내가 **궁극적으로**라는 수식 어구를 아주 조심스럽게 사용한다는 점을 유의하라. 우리는 철학이나 신학적 용어를 사용할 때 '궁극적'이라는 말과 '인접한'이란 말을 구분하는 경우가 종종 있다. 이는 다분히 기술적인 구분인데, 하나는 멀리 있는, 즉 우리가 즉각적으로 볼 수 없고 곧바로 이해할 수 없을 만큼 멀찍이 떨어져 있는 것을 뜻하다. 다른 하나는 가까이 있는, 즉 지금 이 자리에서 발생하여 우리 손에 닿을 만큼 근접해 있는 것을 말한다.

신학자는 하나님의 섭리를 논할 때 1차적 인과율과 2차적 인과율을 구분한다. 요셉의 이야기를 떠올려 보자. 그가 형제들을 다시 만났을 때 형들은 요셉이 복수할까 봐 겁에 질려 있었다. 하지만 요셉은 그들에게 이렇게 말했다. "당신들은 나를 해하려 하였으나 하나님은 그것을 선으로 바꾸사"(창 50:20).

요셉이 한 말은 이런 뜻이다. "내가 고난을 당한 데는 두 가지 동인, 즉 두 가지 원인자가 작용했습니다. 내가 노예로 팔려 가고, 감옥에 던져지고, 그래서 수년 동안 고통과 고난을 겪어야 했던 것은 이 땅에 있는 여러분 때문이었습니다. 여러분이 그 일의 원인이었습니다."

요셉은 그러한 인간 세상의 인과관계뿐 아니라, 형들의 행위 너머에는 하나님의 절대적인 섭리가 자리하고 있음을 깨달았다. 그러므로 요셉의 말은 본질적으로 다음과 같은 의미이다. "여러분의 행위는 이 모든 일의 인접한 원인, 곧 직접적인 원인일 수 있지만, 그럼에도 그것은 2차적 원인이었습니다. 하지만 나는 하나님이 그분의 절대적인 섭리로 내 삶을 다스리시지 않고는 여러분 스스로의 힘으로 나를 해하는 죄를 범할 수 없다는 사실을 압니다. 따라서, 궁극적으로는 하나님의 뜻이 이루어진 것이며, 그분의 뜻은 절대적으로 옳고 선하고 거룩합니다. 나아가 하나님은 여러분의 악으로부터 선을 이루실 능력도 있습니다."

이것이 바로 섭리의 성경적 개념을 고찰할 때 우리가 올바로 이해해야 하는 근본적인 교훈이다. 그리고 성경 전체에서 이를 가장 정확하게 혹은 분명하게 보여 주는 말씀으로는 로마서 8장 28절 만한 구절이 없다.

하나님의 역사를 믿는 신념에는 여러 단계가 있다. 우리는 하나님을 믿는다고 하지만 여전히 하나님을 믿는 일에 어려움을 겪는다. 가끔씩 우리는 이렇게 말한다. "주님, 믿습니다. 저의 불신을 도와주세요!" 우리는 흔들릴 때가 많다. 하나님의 약속을 믿으려 하지만, 위기의 순간이 오면 몸부림친다. 고통을 기다리는 사람이 어디 있겠는가? 가족이나 친구의 죽음을 고대하는 사람이 어디 있겠는가? 전쟁을 바라거나 세상의 온갖 악한 일이 닥치기를 원하는 사람이 도대체 어디 있겠는가?

그런 일이 일어나면, 하나님이 역사하셔서 선을 이루신다는 믿음과 신념을 굳게 붙들기가 대단히 어렵다. 이는 그리스도인의 삶에 주어지는 실제적인 시험이다. 우리는 내일 일을 어느 정도까지 하나님께 믿고 맡길 수 있는가? 그러나 이 모든 일이 합력하여 선을 이루게 하신다는 하나님의 약속을 믿고 신뢰할 때, 바로 그 순간이 두려움에 대한 해독제가 될 것이다.

어렸을 때 어머니는 밤에 내 옆에서 기도하시고는 했다. 어머니는 내가 이해하기 쉬운 어린이 기도문으로 기도해 주셨다. 그런데 어떤 기도문은 내용이 무서워서 별로 마음에 들지 않았다. 하지만 나는 그 기도문을 외워야 했다. "이제 잠자리에 듭니다. 주님, 제 영혼을 지켜주세요. 만약 잠에서 깨기 전에 죽는다면, 주님, 제 영혼을 받아 주세요." 매일 밤 나는 다음 날 아침 잠에서 깰 수 있을지 불안한 마음으로 잠자리에 들었다. 왜냐하면 밤마다 나는 그러한 생각을 마주해야 했고, 그것은 두려운 일이었기 때문이다.

그런데 어머니는 또 하나의 기도문, 시편 23편도 가르쳐 주셨다. "여호와는 나의 목자시니." 굉장히 긍정적인 시편이다. 하나님이 섭리 가운데 돌보심을 신뢰하는 내용의 시편이다. 즉, 내 삶은 이 목자의 손안에 있다. 그러나 이 기도에서 내가 가장 관심을 가졌던 부분은 다음 구절이다. "내가 사망의 음침한 골짜기로 다닐지라도 해를 두려워하지 않을 것은"(시 23:4).

내가 사망의 음침한 골짜기로 다닐지라도 해를 두려워하지 않을 것이라는 내용은 하나님의 진리 중에서도 가장 믿기 힘들다. 사망의 음침한 골짜기에는 많은 것이 도사리고 있다. 그러한 골짜기에는 나를 두렵게 하는 것이 많다. 우리는 어렸을 때 어둠이 얼마나 두려운지 알게 되지 않는가? 그런데도 이 시편의 기자는 설사 사망의 음침한 골짜기를 걸어가도 그 어떤 해도 두려워하지 않으리라고 말한다. 그 이유는 무엇인가? "주께서 나와 함께 하심이라"(4절).

예전에 연세가 지긋하신 한 목사님이 이런 말씀을 하셨다. "하나님은 그분의 백성이 음침한 사망의 골짜기를 걷는 일을 면제해 주겠다고 약속하신 적이 없습니다." 하나님의 약속은 우리가 사망의 음침한 골짜기에 들어설 때 그분이 우리와 함께하신다는 것이다.

하나님이 함께하심을 정말로 알게 되면 우리 마음은 어떻게 달라질까? 그리스도께서 성육신하신 모습으로 오늘 우리 집에 오셔서 "오늘 오후에 네가 사망의 음침한 골짜기를 지날 텐데, 그때 내가 너와 함께 가겠다"라고 말씀하신다면 어떻겠는가? 아마도 나는 이렇게 대답할 것이다. "주님, 저와 함께 가신다면 얼마든지 가겠습니다. 주님이 함께하시는데 제가 무엇을 두려워하겠습니까?" 하지만 우리는 예수님의 말씀이 사실은 그런 뜻이 아닐까 봐, 혹시 내가 그 골짜기에 발을 내딛는 순간 그분이 떠나실까 봐 두려워한다.

눈에 보이지 않는 하나님의 임재, 그리고 그에 대한 약속을 신뢰하기란 쉬운 일이 아니다. 한국 전쟁 당시, 고아가 된 아이들은 안전한 시설에서 지내면서도 밤에 잠을 잘 이루지 못했다고 한다. 굶주림이 걱정되었기 때문이다. 그들의 가장 큰 두려움은 먹을 음식이 없어서 내일 또 하루를 살아내지 못하면 어떡하나 하는 것이었다. 그래서 아이들을 돌보던 사람들은 그들이 손에 쥐고 잘 수 있도록 빵을 한 조각씩 나누어 주었다. 그러자 아이들은 안심하며 잠들 수 있었다. 빵 한 조각에 평안을 되찾았다. 그들에게는 빵 한 조각이 자신의 미래를 보장해 주는 실질적이고 구체적인 증거였다. 이는 인간적인 섭리의 한 예지만, 하나님은 이렇게 말씀하신다. "설사 네가 나를 보지 못하거나 만질 수 없다 해도, 나는 네가 걷는 그 사망의 음침한 골짜기에 함께 있을 것이다."

바울이 우리에게 "모든 것이 합력하여 선을 이루느니라"고 말한 것은 단순한 낙관주의나 헛된 희망을 전한 것이 아니다. 우리에게 하나의 대전제를 가르쳐 준 것이다. 하나님은 약속하시고 반드시 그 약속을 지키시며 이것은 그분의 법이다. 하나님은 고난 중에 우리와 함께하겠다고 장담하신다. 그뿐 아니라 세상에서 우리에게 그 어떤 일이 어떤 모습으로 일어난다 해도 하나님이 반드시 우리를 구속하겠다고 약속하신다. 왜냐하면 섭리의 하나님은 또한 구속의 하나님이시기 때문이다.

09

악은 결코 선이 아니다

WHY IS THERE EVIL?

 우리에게 일어나는 모든 일이 **궁극적으로** 선한 것이라는 믿음에는 한 가지 위험이 도사리고 있다. 선을 악하다 하고 악을 선하다 하는 근본적인 실수를 저지를 위험이다. 하지만 이는 성경에서 엄격히 금하는 일이다. 이는 하나님의 백성을 현혹하거나 유혹하기 위해, 혹은 비난하거나 부추겨 진리에서 멀어지게 하기 위해 뱀이 속삭이는 터무니없는 거짓말이다.

 우리는 타락한 본성으로 인해 그렇게 하려는 경향이 있다. 명백히 하나님의 법을 어기는 어떤 일을 했을 때 자신이 한 일을 정당화하는 길, 즉 일종의 합리화할 수단을 찾으려 한다. 그래서 우리의 행동을 악덕이 아닌 미덕으로 포장하게 되는데, 그러면서 악을 선이라고 부르게 된다.

그뿐 아니라 우리는 선과 악을 왜곡하는 일에 너무도 익숙해져 있어서 실제로 하나님의 선하심을 악하다고 부르기도 한다.

위대한 선지자 세례 요한은 감옥에 갇히게 되자 마음속에서 일어나는 의심과 싸워야 했다. 그는 요단강 강가에 서서 "보라 세상 죄를 지고 가는 하나님의 어린 양이로다"(요 1:29)라고 외쳤던 인물이다. 자신의 온 생애를 바쳐 그리스도를 증거했던 사람이다. 그랬던 그가 감옥에 갇혀 있는 동안 자기 제자들을 예수님께 보내 어찌 보면 다소 당혹스러운 질문을 하게 했다. 요한의 제자들은 예수님을 찾아와 "오실 그이가 당신이오니이까 우리가 다른 이를 기다리오리이까"(마 11:3)라고 물었다. 이때 요한은 사망의 음침한 골짜기를 지나고 있었고, 악을 두려워했던 것이다. 그는 태어날 때부터 하나님이 성육신하셔서 이 땅에 임하셨다는 사실을 선포하도록 정해진 삶을 살았다. 그럼에도 지금은 그분의 정체성에 대한 믿음이 흔들리기 시작했다. 이것이 바로 그에게 닥친 위기였다.

이러한 의심을 얼마나 경험해 보았는가? 어쩌면 다른 구원자를 찾거나 또 다른 구속자를 기다려야 할 수도 있겠다는 생각은 하지 않았더라도, 분명히 이런 경험은 해 보았을 것이다. "그리스도는 내가 찾는 분이 아니야. 그러니까 나는 더 적당한 누군가가 있는지 알아보아야겠어." 예수님은 요한의 이러한 질문에 어떻게 답하셨을까? 그분은 요한의 제자들에게 다음과 같이 말씀하셨다. "너희가 가서 듣고 보는 것을 요한에게 알리되 맹인이 보며 못 걷는 사람이 걸으며 나병환자가 깨끗함을 받으며 못 듣는 자가 들으며 죽은 자가 살아나며 가난한 자에게 복음이 전파된다 하라"(4-5절).

예수님이 요한의 질문에 이렇게 대답하신 이유는 무엇일까? 혹시 이렇게 말씀하시려 했던 것은 아닐까? "요한아, 홀로 의심과 싸워야 할 때 사탄이 광야에서 나를 시험했던 것을 기억해라. 그는 내게 주어진 소명을 감당하지 못하게 하려고 온갖 것으로 나를 미혹했다. 하지만 나는 그에게 떡으로만 살 것이 아니요, 하나님의 입으로부터 나오는 모든 말씀으로 살 것이라고 말했다. 하나님의 입으로부터 나오는 말씀 중에는 이사야서 61장도 있는데, 거기 보면 메시아의 정체성, 곧 그의 인격과 사역에 대해 다음과 같이 자세히 기록되어 있다. '주 여호와의 영이 내게 내리셨으니 이는 여호와께서 내게 기름을 부으사 가난한 자에게 아름다운 소식을 전하게 하려 하심이라 … 포로된 자에게 자유를 … 여호와의 은혜의 해[를] … 선포하여'(사 61:1-2)."

이를 또 다른 말로 표현하면 이렇게 될 것이다. "요한아, 오실 그이가 어떤 일을 하게 될지 다시 읽어 보아라. 나는 지금 내가 해야 할 일, 곧 성경에 기록된 나의 직무를 정확하게 수행하고 있다." 하지만 무엇이 문제였는가? 요한이 감옥에 있는 동안 그가 기대했던 예수님의 모습이 드러나지 않았다. 자신의 기대가 채워지지 않자 그리스도에 대한 의심이 마음속에 싹트기 시작했다.

요한의 제자들이 예수님을 떠나고 난 뒤 특이한 일이 벌어진다. 예수님이 사람들을 향해 자신이 아닌 세례 요한에 관한 증언을 하시기 시작한 것이다. 예수님은 "너희가 무엇을 보려고 광야에 나갔더냐 바람에 흔들리는 갈대냐"(마 11:7)라고 말씀하셨다. 예수님이 왜 그런 말씀을 하셨는지 궁금할 것이다. 사람들이 어쩌다 예수님과 요한의 제자들 사이에 오간 대화를 전해 듣게 되었다면, 아마도 세례 요한을 향한 그들의 확신이 약해졌을 것이다. 그래서 예수님은 사람들에게 그들이 무엇을 보려고 광야에 나갔었는지 물으셨다. 부드러운 옷 입은 사람인가? 부드러운 옷을 입은 사람은 왕궁에 살고 있다. 예수님에 대해 증언을 했다는 이유로 감옥에 갇혀 고통당하던 요한은 바람에 흔들리는 갈대가 아니다. "여자가 낳은 자 중에 세례 요한보다 큰 이가 일어남이 없도다"(11절).

예수님은 요한을 위한 특별한 복을 선언하신다. "누구든지 나로 말미암아 실족하지 아니하는 자는 복이 있도다"(6절). 아마도 여기서 예수님은 성경에서 흔히 찾아볼 수 있는 개념, 즉 거치는 바위와 걸림돌을 떠올리신 것 같다. 예수님은 자신 때문에 실족하는 사람이 있다는 사실을 아셨다. 이에 대해 베드로는 후에 이렇게 말하기도 했다. "이 예수는 너희 건축자들의 버린 돌로서 집 모퉁이의 머릿돌이 되었느니라"(행 4:11). 그럼에도 많은 이가 그분을 걸림돌로 여기며 그분으로 인해 실족했다.

인간관계는 논쟁과 분란으로 끝날 때가 종종 있다. 그러면 사람들은 마음에 상처를 입는다. 우리가 다른 사람에게 상처를 주거나, 혹은 다른 사람이 우리에게 상처를 입히기도 한다. 우리 일상에 늘 있는 일이지 않은가? 그러나 성경은 다른 사람, 특히 약자나 연소한 자를 실족하게 하는 행동을 하지 말라고 경고한다. 예수님도 "실족하게 … 하는 자에게는 화로다"(눅 17:1)라고 말씀하셨다. 우리는 다른 사람을 실족하게 하는 행동을 해서는 안 된다.

그런데 윤리학의 영역에서는 상처를 **주는** 것과 상처를 **받는** 것을 구분한다. 이는 우리가 다음과 같이 말할 때 잘 드러난다. "제가 하는 말에 상처받지 마세요. 상처받지 않으셨으면 좋겠어요. 당신께 잘못된 행동은 하고 싶지 않아요. 만약 제가 조금이라도 당신께 잘못된 행동을 한다면, 상처를 받으시는 게 너무도 당연해요. 왜냐하면 제가 상처를 드렸으니까요." 이런 말은 상처를 **주는** 것에 관한 경우이다.

하지만 어떨 때는 우리가 잘못된 행동을 하지 않았는데도 상처를 받는 사람이 있다. 이는 상처를 **받는** 것에 관한 경우이다. 상처를 주는 사람은 없는데, 어떤 말이나 행동에 상처를 받는 사람이 존재한다. 이 문제에 관한 완벽한 예가 예수님의 삶에서 나타난다.

만약 예수님이 누군가에게 부당하게 상처를 주신 적이 있다면, 이는 죄가 되었을 것이고, 따라서 그분은 더 이상 죄 없는 분이 아니셨을 것이다. 그리고 예수님이 죄 없는 분이 아니셨다면, 다른 사람을 구원하실 수 없었을 것이다. 심지어 자기 자신도 구원하실 수 없었을 것이다. 구속자가 되기 위한 절대적 조건은 죄가 없는 것이기 때문이다. 하지만 우리는 과연 예수님을 만난 사람 중에 상처를 입은 사람이 단 하나도 없었다고 말할 수 있을까? 온갖 사람이 예수님께 상처를 받았다. 바리새인도 상처를 받았고, 서기관도 상처를 받았다.

예수님은 세례 요한의 제자들을 보내신 후에 사람들에게 다음과 같이 말씀하셨다. "이 세대를 무엇으로 비유할까 비유하건대 아이들이 장터에 앉아 제 동무를 불러 이르되 우리가 너희를 향하여 피리를 불어도 너희가 춤추지 않고 우리가 슬피 울어도 너희가 가슴을 치지 아니하였다 함과 같도다"(마 11:16-17). 이 말씀은 본질적으로 "너희들은 도무지 기뻐할 줄 모른다"라는 뜻이다.

요한은 엘리야를 연상시키는 기이한 복장을 하고 메뚜기와 석청을 먹으며 광야에서 생활했다. 그런 그가 사람들에게 천국이 가까이 왔으니 회개하라고 외쳤지만, 그들은 아직 준비가 안 되어 있었다. 그래서 바리새인과 서기관이 세례 요한에 대해 뭐라고 했는가? 요한이 귀신 들렸다고 말했다.

하지만 예수님은, 비록 서기관과 바리새인은 세례 요한을 통해 주어진 하나님의 명령에 복종하지 않았지만, 평범한 사람들은 그에게서 하나님의 의를 보았다고 말씀하셨다. 그래서 사람들이 신랑께서 오실 때 더러운 모습으로 그분을 맞이하지 않으려고 요단강으로 가서 정결케 하는 세례를 받았다고 하셨다.

광야에서 나온 요한은 올바른 일을 하고 있었다. 그리고 사람들 대부분은 요한의 행동을 선하게 여겼다. 그러나 바리새인과 서기관 같은 이들은 요한의 행동을 악하게 보고 그를 귀신이라 불렀다. 그들은 선을 악이라 칭했으며, 의를 보고 실족했다. 예수님은 요한이 광야에서 메뚜기와 석청을 먹으며 혹독한 자기 부인의 삶을 사는 금욕주의자라고 말씀하셨다. 반면 예수님은 금식하지 않으셨는데, 저들은 이를 두고 그분이 먹기를 탐하고 포도주를 즐기는 사람이요, 세리와 죄인의 친구라고 비난했다. 예수님을 악하다고 칭한 것이다.

예수님은 그런 그들이 피리를 불어도 춤추지 않고 슬피 울어도 가슴을 치지 않는 아이들 같다고 말씀하셨다. 요한이 왔을 때는 슬피 울어야 할 때였다. 온 땅이 애곡했다. 사람들은 구속을 기다리며 여전히 고통 가운데 놓여 있었다. 아직은 혼인 예식이 시작되지 않았다. 신랑께서 오시지 않았기 때문이다. 후에 예수님은 제자들에게 말씀하시며, 신랑께서 오시고 혼인 예식이 시작되면 그때는 금식이 아닌 기쁨과 축하의 때가 되리라고 가르쳐 주셨다. 피리를 불면 춤을 출 때가 된 것이다. 피리를 불 때 슬피 울거나, 장례식에서 애도의 노래를 부를 때 춤을 추어서는 안 된다.

결국, 요한이 고심했던 문제, 그리고 우리가 고심하는 문제의 핵심은 기대한 바가 채워지지 않았을 때 느끼는 실망감이다. 우리가 누군가에게 무엇을 기대했는데 그것을 얻지 못할 때 실망하게 된다. 어쩌면 상처를 입을 수도 있다. 그런가 하면 상처를 받거나 해를 입기는 해도 그럴 만한 근거가 전혀 없는 손해도 있을 수 있다. 애초에 올바르지 않은 기대를 했기 때문에 상처를 받을 만한 명분이 없는 것이다. 하지만 만약 우리가 누군가에게 언제까지 어떤 일을 하겠다고 약속을 하고도 그 일을 하지 않았다면, 이는 그가 상처를 입을 만한 충분한 이유가 된다.

이것이 바로 세례 요한이 고심했던 바다. 감옥에서 그는 이렇게 생각했다. "예수님은 도대체 언제 행동에 나서실까? 나는 오래전부터 이분을 왕으로 선포했고, 그분이 자신의 왕권을 드러내 로마를 쫓아내실 것으로 기대했다." 하지만 예수님은 요한의 기대처럼 움직이시지 않았다. 그래서 요한은 상처를 받았고, 급기야 "우리가 다른 이를 기다리오리이까"(마 11:3)라고 물은 것이다.

하나님의 섭리를 대하는 우리의 모습도 그와 같다. 하나님께 무언가를 기대하지만 하나님이 우리의 기대에 부응하지 않으실 때, 우리는 상처를 받고 우리의 기대에 부응할 만한 다른 누군가를 찾아 나선다. 이는 우리가 하나님의 약속에 주의를 기울이지 않기 때문에 일어나는 일이다. 하나님은 말씀하신다. "내가 판단하기에 가장 적합한 때가 되면 내가 약속한 모든 것을 하나도 빠짐없이 다 행할 것이다. 만약 **네가** 원하는 때에 내가 그것을 해 주길 바란다면, 너는 실망하여 상처를 받게 될 것이고, 그러면 이내 선을 악하다 칭하게 될 것이다."

그러나 하나님은 악을 행하시지 않는다. 그분은 하나님을 사랑하는 자, 곧 그분의 뜻대로 부르심을 입은 자에게는 모든 것이 합력하여 선을 이루게 하신다. 하나님의 섭리에 대한 우리의 믿음이 참으로 이와 같은지 주의 깊게 살펴야 할 것이다.

10

하나님을
사랑하는 자

WHY IS THERE EVIL?

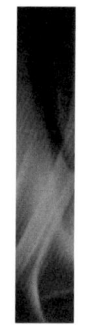

성경에서 하나님의 섭리와 관련해 우리에게 위로가 되는 말씀 중 가장 잘 알려진 것은 아마도 로마서 8장 28절일 것이다. "우리가 알거니와 하나님을 사랑하는 자 곧 그의 뜻대로 부르심을 입은 자들에게는 모든 것이 합력하여 선을 이루느니라."

이번 장에서는 이 구절에 나타나는 몇 가지 중요한 수식 어구를 살펴보고자 한다. "우리가 알거니와 **하나님을 사랑하는 자** 곧 **그의 뜻대로 부르심을 입은 자들**에게는 모든 것이 합력하여 선을 이루느니라." 이 구절은 마치 하나님이 "나는 사람들에게 일어나는 모든 일과 그들이 하는 모든 일을 다 선하고 유익한 일이 되도록 만들 것이다"와 같은 보편적이고 포괄적인 약속을 하신 말씀이 아니다. 이 약속에는 제한 사항이 있다. 바로 **하나님을 사랑하는 자**에게 주신 약속이라는 점이다.

만약 우리가 하나님을 사랑하지 않는다면, 우리에게 일어나는 모든 일이 궁극적으로 우리에게 선이 되리라는 보장은 없다. 만약 우리가 하나님의 뜻대로 부르심을 입은 자 가운데 하나가 아니라면, 만약 우리가 적극적으로 하나님의 뜻을 거스르며 산다면, 이 말씀으로 위안을 삼아서는 안 된다. 하나님의 섭리는 양날의 검이다. 하나님의 섭리는 그분이 통치하신다는 뜻이며, 또한 하나님의 통치가 이루어진다는 말은 그분의 정의가 이루어진다는 뜻이다. 그리고 그분의 정의는 회개하지 않는 죄인을 벌하심으로써 이루어진다.

정말 무서운 생각이다. 참으로 우리가 생각할 수 있는 그 어떤 일보다도 가장 두려운 일이다. 불신자에게는 결코 생각하고 싶지 않은 한 가지일 것이다. 하나님께 굴복하기를 거부하는 사람은 하나님이 그가 하는 모든 일을 일관성 없이 용서하시며 절대 그에게 책임을 묻지 않으시기를 바라고 믿는다. 지금의 문화는 범죄에 대한 처벌을 점점 더 혐오스럽게 여기고 있다. 인간이 세운 정부가 행하는 처벌에 대해서도 세상이 그토록 저항하는데, 하나님이 우리를 벌하신다는 생각에는 얼마나 더 크게 반대하겠는가?

하지만 하나님은 정치적 올바름에는 관심이 없으시다. 하나님은 악을 벌하기로 정하셨다. 성경은 하나님이 온 세상을 심판하고 각 사람에게 책임을 물을 날을 정하셨다고 말한다. 만약 하나님을 사랑하지 않는다면, 그들이 세상에 사는 동안 하나님께 받았다고 생각하는 선한 것들이 오히려 그들에게 해가 되어 돌아올 것이다.

성경은 인간 마음속에 있는 가장 기본적이고 근본적이며 근원적인 죄가 바로 배은망덕의 죄라고 말한다. 로마서 1장 18절에서 바울이 하나님의 진노가 하늘로부터 나타난다고 했을 때, 그 말은 그분의 진노가 결백함이나 의로움, 혹은 선함에 대해 임한다는 뜻이 아니다. 하나님은 폭군이 아니시다. 이랬다저랬다 하시는 분도 아니다. 그분의 진노는 경건하지 않음과 불의에 대해 나타난다. 우리가 그분의 피조물로서 행하는 경건하지 않은 행위 중에 가장 기본적인 것은, 바울의 말처럼 "하나님을 영화롭게도 아니하며 감사하지도 아니하[는]"(21절) 것이다.

이 말씀에 대해 생각해 보자. 첫째, 당신은 하나님을 영화롭게 하는가? 자신을 지으신 하나님께 경외와 헌신과 사랑의 마음을 갖고 있는가? 바울은 하나님이 자신의 존재를 분명하고 명백하게 알리셨다고 말한다. 그분이 이미 우리에게 자신의 존재를 나타내셨다. 다만 본성이 타락하고 부패한 우리가 그러한 지식을 억누를 뿐이다. 그 지식에 맞서 싸우고 거기서 도망치기 위해 애쓴다. 결국 우리의 마음은 하나님을 영화롭게 하기를 거부한다.

둘째, 당신은 하나님께 감사의 마음을 갖고 있는가? 아마 다른 사람을 위해 어떤 희생을 하고 도리어 마음의 상처를 입었던 적이 있을 것이다. 예컨대, 다른 누군가에게 값비싼 선물을 주었거나 혹은 선한 일을 했는데, 그 사람이 당신의 행동에 대해 전혀 감사하지 않는 것을 알게 되었다. 즉, 그 사람이 당신의 선물에 대해 감사의 뜻을 표하지 않거나 고마워하는 마음을 갖지 않는 것이다. 그러면 당신은 상처를 받을 것이다.

마찬가지로 그런 태도는 하나님께도 무례한 것이다. 왜냐하면 성경은 우리가 이 세상에서 받은 온갖 좋은 은사와 온전한 선물, 말 그대로 모든 좋은 것이 다 하나님께로부터 온다고 말하기 때문이다(약 1:17 참조). 당신은 스스로의 노력으로 그 모든 혜택을 얻었고, 그것들을 받을 자격이 충분하며, 따라서 그에 대한 공로가 있다고 생각할지 모른다. 그러나 이는 당신에게 있는 기술이나 재능이 창조주께서 베푸신 것이라고 생각하지 않는 것이다. 당신의 성공을 자신의 재능 때문으로 여기거나, 설상가상으로 그것이 그저 행운이었다고 치부하는 것은 하나님을 모욕하는 일이다. 하나님이 주신 혜택을 멸시하는 일이다.

하나님이 우리에게 은사를 주시거나 은혜를 베푸실 때, 그것은 도리어 우리의 죄를 더하는 계기가 될 수 있다. 우리가 하나님께 어떤 은사를 받고도 그것이 하나님에게서 왔음을 인정하지 않고 그것에 대해 하나님께 감사를 표하지 않는다면, 우리는 배은망덕의 죄를 짓는 것이다.

우리는 앞서 로마서 8장 28절 말씀에 비추어 혹 우리 삶에 어떤 나쁜 일이 일어나더라도 궁극적으로는 그것이 우리에게 선이 된다는 점을 살펴보았다. 하지만 거기에는 또 다른 측면, 즉 동전의 반대쪽이 있다. 만약 우리가 하나님을 사랑하지 않는다면, 지금까지 우리에게 있었던 모든 선한 일이 궁극적으로는 나쁜 일이 된다. 그것들이 합력하여 우리를 멸망으로 이끌어가기 때문이다. 우리가 마음을 완악하게 하고 하나님을 더욱더 적대시한다면, 그분이 우리에게 주신 모든 은사는 도리어 감사하지 않는 우리에게 더욱더 큰 죄의 증거가 될 뿐이다.

한마디로, 로마서 8장 28절 말씀이 주는 교훈은 하나님을 사랑하는 자에게는 궁극적으로 비극이란 없다는 것이다. 이는 반대로 하나님을 멸시하는 자에게는 궁극적으로 축복이란 없다는 뜻이기도 하다. 하나님을 사랑하지 않으면 축복이 곧 저주가 되고, 하나님을 사랑하면 저주가 오히려 축복이 될 것이다. 그 외에 다른 선택지는 없다.

신학교 시절 한 교수님은 '선'과 '악'의 구분뿐 아니라, '선한 선'과 '악한 선', '선학 악'과 '악한 악'을 구분했다. 로마서 8장 28절과 관련해 우리가 지금까지 살펴본 내용을 설명하기 위해 말이다.

먼저 '선한 악'은 인간의 시각에서 볼 때 실제로 악이다. 우리가 저지른 죄는 진짜 악하며, 그 죄를 선하다고 부르는 우를 범해서는 안 된다. 그것은 분명히 악이다. 그 교수님이 말한 '선한 악'은 내가 한 행위의 측면에서 볼 때 악이라는 뜻이다. 요셉의 형제들을 한번 생각해 보자. 그들은 요셉에게 악한 일을 행했고, 그것은 정말로 악했다. 그래서 그들은 자신이 행한 그 악에 대해 하나님 앞에 책임을 져야 했다. 그러나 하나님의 섭리는 그러한 악을 통해 선을 가져왔다. 또 다른 예로 가룟 유다를 들 수 있다. 유다의 배신은 진정한 배신이었고, 그것은 정말로 악했다. 우리는 그의 악을 선이라고 말해서는 안 된다. 하지만 그의 배신은 선한 일이었음이 분명하다. 그의 배신을 통해 속죄가 일어났기 때문이다.

반대로 '악한 선'도 있다. 무언가 선한 일이 일어났는데, 그것이 합력하여 심판을 이루는, 즉 악한 열매를 맺는 경우를 말한다. 한 예로, 우리가 하나님의 은사를 멸시하면, 그 모두가 합력하여 우리의 악을 이루게 되는 것과 같다. 회개하지 않는 사람에게는 모든 축복이 비극이 된다. 하나님이 베푸시는 온갖 좋은 은사와 온전한 선물이 궁극적으로 자기 머리에 숯불을 쌓는 꼴이 된다. 왜냐하면 그로 인해 하나님을 향한 배은망덕과 불의가 계속해서 더해지기 때문이다. 이런 사람은 진노의 날에 임할 진노를 고스란히 쌓고 있는 것이다(롬 2:5 참조).

우리는 본성적으로 너무도 어리석어서 하나님이 우리를 벌하시지 않을 거라고 믿을 뿐 아니라, "만약 그분이 우리를 벌하신다면, 우리 죄는 어느 것 하나 가벼운 것 없이 다 무거울 테니, 결국 그에 대한 형벌도 전혀 차이가 없을 것이다"라며 위험을 분산하려고도 한다.

사람들이 내게 이런 말을 한 적이 있다. "나는 저 여인을 향해 음욕을 품었다. 그러니 차라리 더 나아가서 간음을 저지르는 편이 낫겠다. 간음이 마음으로 음욕을 품는 것보다 딱히 더 중한 죄도 아니니, 어느 편이든 똑같은 벌을 받을 것이 아닌가?" 바울은 말하길, 우리가 하나님의 은사에 대해 감사를 돌리지 않으면, 매번 그럴 때마다 그 배은망덕의 죄가 창고에 차곡차곡 쌓인다고 했다. 그 창고에 쌓이는 것은 어떤 공로나 축복, 그리스도의 부요함이 아닌 하나님의 진노다. 바울은 "진노의 날 곧 하나님의 의로우신 심판이 나타나는 그 날에 임할 진노를 네게 쌓는도다"(롬 2:5)라고 말했다.

어떤 이는 진노의 날 같은 것이 없기를 바라며 기도한다. 그러나 구약의 선지자가 가르쳐 준 것은 진노의 날이 정해져 있다는 사실이다. 예수님은 심판의 날이 임할 것이며, 그때에는 우리가 내뱉은 모든 무익한 말에 대해 추궁하실 거라고 섬뜩한 진리를 강조하셨다. 우리는 하나님이 진노하시지 않기를 바라지만, 그분은 진노하신다. 우리는 진노의 날이 오지 않기를 바라지만, 그날은 반드시 온다.

그런데 만약 하나님이 진노하실 수 있고 그 진노의 날이 정해져 있다면, 우리에게 있어 최악의 일은 그 진노를 쌓는 것, 즉 진노의 날에 임할 진노를 켜켜이 쌓는 일이다. 그렇게 되면, 성경이 말하는 것처럼 그날은 어둠이요, 그때는 빛이 없을 것이다(암 5:18 참조).

결국 로마서 8장 28절 말씀은 좋은 소식인 동시에 나쁜 소식이다. 하나님을 사랑하는 자, 곧 그분의 뜻대로 부르심을 입고 그분의 섭리적 통치를 기뻐하는 자에게 이는 지상 최고의 소식이다. 반대로 하나님께 감사하지 않고, 그분을 사랑하지도 않는 자에게 이는 지상 최악의 소식이다. 당신에게는 어떤 소식인가?

나는 우리가 그리스도인으로 살아가는 데 있어서 없어서는 안 될 가장 중요한 것이 바로 하나님의 섭리를 그리스도인답게 이해하는 것이라고 굳게 믿는다. 아울러 모든 신자가 하나님을 더 깊이 알고, 나아가 그분의 섭리적 통치가 세상 만물 위에 미치며, 이에는 악도 결코 예외가 아니라는 사실을 이해하기를 기도한다.

LIGONIER LIBRARY

리고니어 미니스트리(Ligonier Ministries)는 1971년 R. C. 스프로울 박사가 많은 사람에게 하나님의 거룩하심을 온전히 선포하고 가르치고 변호하기 위해 설립한 국제적인 기독교 제자훈련 기관입니다. 리고니어 라이브러리(Ligonier Library) 배지는 전 세계와 여러 언어권에 신뢰할 수 있는 자료임을 나타냅니다.

리고니어 미니스트리는 예수님이 주신 지상명령에 헌신하기 위해 전 세계에 인쇄 및 디지털 형식으로 제자훈련 자료를 제공하고 있습니다. 신뢰할 수 있는 도서, 기사, 영상 강의 시리즈를 50개 이상의 언어로 번역하고 더빙합니다. 우리의 소망은 그리스도인은 무엇을 믿는지, 왜 믿는지, 믿는 대로 어떻게 살아가는지, 믿는 바를 어떻게 공유하는지를 잘 알도록 도움으로써 예수 그리스도의 교회를 지원하는 것입니다.

LIGONIER.ORG
KO.LIGONIER.ORG

사명선언문

너희가 흠이 없고 순전하여……세상에서 그들 가운데 빛들로
나타내며 생명의 말씀을 밝혀 _ 빌 2:15-16

1. 생명을 담겠습니다
만드는 책에 주님 주신 생명을 담겠습니다.
그 책으로 복음을 선포하겠습니다.

2. 말씀을 밝히겠습니다
생명의 근본은 말씀입니다.
말씀을 밝혀 성도와 교회의 성장을 돕겠습니다.

3. 빛이 되겠습니다
시대와 영혼의 어두움을 밝혀 주님 앞으로 이끄는
빛이 되는 책을 만들겠습니다.

4. 순전히 행하겠습니다
책을 만들고 전하는 일과 경영하는 일에 부끄러움이 없는
정직함으로 행하겠습니다.

5. 끝까지 전파하겠습니다
모든 사람에게, 땅 끝까지, 주님 오시는 그날까지
복음을 전하는 사명을 다하겠습니다.

서점 안내

광화문점　서울시 종로구 새문안로 69 구세군회관 1층
　　　　　　02)737-2288 / 02)737-4623(F)

강남점　　서울시 서초구 신반포로 177 반포쇼핑타운 3동 2층
　　　　　　02)595-1211 / 02)595-3549(F)

구로점　　서울시 동작구 시흥대로 602, 3층 302호
　　　　　　02)858-8744 / 02)838-0653(F)

노원점　　서울시 노원구 동일로 1366 삼봉빌딩 지하 1층
　　　　　　02)938-7979 / 02)3391-6169(F)

일산점　　경기도 고양시 일산서구 중앙로 1391 레이크타운 지하 1층
　　　　　　031)916-8787 / 031)916-8788(F)

의정부점　경기도 의정부시 청사로47번길 12 성산타워 3층
　　　　　　031)845-0600 / 031)852-6930(F)

인터넷서점　www.lifebook.co.kr